中华女子学院2021年校级科研项目成果
（项目编号：ZKY201020222）

员工使命践行的驱动机制与影响效果研究

刘 晨 ◎ 著

企业管理出版社
EMPH ENTERPRISE MANAGEMENT PUBLISHING HOUSE

图书在版编目（CIP）数据

员工使命践行的驱动机制与影响效果研究 / 刘晨著 .
北京：企业管理出版社，2024.8. —ISBN 978-7-5164-3115-3
Ⅰ. F272.92
中国国家版本馆 CIP 数据核字第 2024P698X4 号

书　　名	员工使命践行的驱动机制与影响效果研究
书　　号	ISBN 978-7-5164-3115-3
作　　者	刘　晨
策　　划	寇俊玲
责任编辑	寇俊玲
出版发行	企业管理出版社
经　　销	新华书店
地　　址	北京市海淀区紫竹院南路17号　　邮　　编：100048
网　　址	www.emph.cn　　电子信箱：1142937578@qq.com
电　　话	编辑部（010）68411408　　发行部（010）68701816
印　　刷	北京亿友数字印刷有限公司
版　　次	2024年8月 第1版
印　　次	2024年8月 第1次印刷
开　　本	710毫米×1000毫米　　1/16
印　　张	11印张
字　　数	160千字
定　　价	68.00元

版权所有　翻印必究　·　印装有误　负责调换

前　言

随着社会发展，人们看待工作的方式在不断演进和变化。以往职场中的个体通常将工作视为一种劳动、一种职业或是一种谋生的手段。无边界职业生涯时代，随着人们工作经历的不断丰富，对工作本身内涵理解的加深，越来越多的职场个体发现，工作还具有更为深刻的内涵，即工作是个体创造价值、改造世界、服务社会、满足自我追求的具体方式。由此，从某种意义上说，工作就是人生的重要使命，人们通过工作实现个体价值。Duffy、Dik、Douglass、England和Velez（2018）曾经提到，职业使命感（Calling）就是一种注重精神追求的高层次职业取向，在追求使命的过程中将个人生命意义与工作场所进行深度关联。同时，当前职业选择的灵活性和职业转换的普遍性，也为人们在工作中积极追寻内心价值的实现提供了外部条件。因此，在内外部因素的驱动下，使命感作为个人价值与职业/工作的重要连接（倪旭东，杨露琳，2021），越来越受到个体和组织的高度重视，职业/工作使命感研究也成为当前职业心理学和组织行为学领域关注的焦点。现有研究成果说明了具有使命感的个体能够给自身和组织带来积极的结果。

然而，使命感的上述积极影响，只有当人们真正体验到自身使命感得以践行或实现时，其作用才会凸显出来。职场中有不少人在追寻使命感的道路上无法实现自身的使命（Elangovan, Pinder and McLean, 2010），这种无法展现使命的状态会带来更加严重的负面影响（Berg, Grant and Johnson, 2010）。由此可见，使命感很重要，能否展现与践行使命感更加重要。职场中使命感的践行意味着一个人拥有使命感，感受到使命的召唤后，能从事让自己的使命感定期显现的工作。从使命的感知，进阶到践行使命，是个体对自身和所感知的职业逐步清晰化的过程。

由此，组织中如何帮助具有工作使命感的员工践行自己的使命，以及如何进一步发挥使命践行的最大效用，已成为职场环境下与学术领域中亟需解决的课题，工作使命践行（Living a Calling）也成为探究个体积极心理以及职场结果的一个非常有价值的主题和切入点。

保罗·波尔曼曾经说过："我们每天都做着自己的工作，驱动着我们前进的应该是更深层的使命感。我们必须被某种伟大的东西所驱使。"要想真正走上职业生涯的康庄大道，去体味工作给人生带来的乐趣，成为职场中的佼佼者，就一定要让自己成为一名有责任感、使命感，并且能够成功践行内心使命的员工。

能否清晰地意识到自己的职业使命，并在工作场所中践行其使命，是获得职业成功的先决条件。基于以上，本书的最终目的是帮助每一个职场中人在拥有职业/工作使命感的基础上，进一步践行和实现自身的初心和使命，从而迎来职业生涯的光明未来。

在本书编写过程中，作者得到了中国人民大学周文霞老师、王桢老师、骆南峰老师等很多专家教授的悉心指点与帮助。同样也感谢那些帮助收集数据、审读书稿的同事与同学们，她们在内容编排和文字上提出了许多宝贵意见。由于作者水平有限，书中疏漏在所难免，敬请读者批评指正。

刘 晨

2024年5月

目 录

开篇案例　/ 001

第1章　绪　论　/ 001
1.1　研究背景　/ 001
1.2　研究内容　/ 004
1.3　研究设计　/ 009
1.4　研究可能的创新与贡献　/ 013

第2章　文献综述　/ 016
2.1　使命感的研究综述　/ 016
2.2　使命践行的研究综述　/ 026
2.3　授权赋能型领导的综述　/ 040
2.4　工作意义感综述　/ 042
2.5　领导—成员交换关系综述　/ 044
2.6　工作繁荣的相关研究　/ 046
2.7　工作绩效的综述　/ 048
2.8　工作激情的研究综述　/ 049
2.9　任务导向型领导的研究综述　/ 051
2.10　本章小结　/ 053

第3章　使命感的普遍性调查　/ 054
3.1　研究目的与样本　/ 054
3.2　研究结果　/ 055

第4章　员工工作使命践行的驱动机制　/ 058

4.1　研究目的　/ 058

4.2　研究假设　/ 060

4.3　研究方法　/ 067

4.4　研究结果　/ 073

4.5　本章小结　/ 080

第5章　员工工作使命践行对工作繁荣、工作绩效的影响机制　/ 082

5.1　研究目的　/ 082

5.2　研究假设推导　/ 083

5.3　研究方法　/ 097

5.4　数据分析结果　/ 100

5.5　本章小结　/ 111

第6章　结论与展望　/ 113

6.1　研究结果与讨论　/ 113

6.2　理论贡献　/ 121

6.3　实践启示　/ 128

6.4　研究局限与未来展望　/ 134

6.5　研究结论　/ 139

参考文献　/ 141

附　录　/ 159

后　记　/ 165

开篇案例

一旦拥有或寻求一项使命，你要搞清楚如何将使命付诸实践。如果没有一种可靠、有效的策略来实现从想法到执行的跨越，那么你就无法跨越。

可以看看帕蒂斯·萨贝蒂的经历，她是哈佛大学进化生物学教授。本科毕业于麻省理工学院，硕士及博士在牛津大学就读，主修生物人类学即遗传学，之后进入哈佛大学医学院主修医学PHD（学术型博士），同时修完遗传学的博士后。虽然拥有一段横跨世界顶尖三校的经历，但是回顾自己的职业轨迹，如同大多数人一样，萨贝蒂在寻找使命和实现使命的过程中经历了颇多周折。

萨贝蒂在读研早期便确定了一项使命：研究非洲的传染病，以帮助世界人民消除古老疾病。但是在这个阶段，她并不知道如何才能成功地完成这项使命，因而开展了一系列耗时耗力的实验。开始，她在一家实验室研究非裔美国人的基因遗传，但是随着时间的推移，她意识到这个研究方向似乎不太正确。于是，她又转而加入一个研究疟疾的实验团队，但这次她还是不清楚如何成功实现自己的职业使命。实验过程所付出的艰辛与汗水，以及与自身职业使命的距离感，使得她时常感到挫败和迷茫，不知如何才能实现自己的初衷与抱负。回到哈佛大学之后，尽管之前的经历让她备受打击，但萨贝蒂又重新调整方向，开始在布罗德研究所从事遗传学的博士后研究。正是在这里，她逐渐得到了导师和研究团队的支持和帮助，开始尝试利用自己的算法在人类基因组里找寻自然选择的标记。在这个阶段，虽然实验过程也是异常艰辛，但萨贝蒂最后克服重重困难，在对付传染病方面往前迈出了一大步，她也终于找到了自己毕生的职业追求。正是这种排除万难不断尝试的做法，让她得以把一项笼统的职业使命转化为实实在在的成功。

通过萨贝蒂的例子，我们看到：无论你对职业使命感的设想有多完美，也不意味着你能成功地实现它。首先你要有职场资本，然后寻找一项现实的职业使命。经历从"找到一项现实使命感"到"成功将其变为现实"的过程，这是实现人生重要跨越的一个过程。[①]

---

① 孟迹. 如何让"使命"成功实现 [EB/OL]. 知乎网, 2020-12-2.

第1章

绪 论

1.1 研究背景

1.1.1 现实背景

信息时代，人们在享受技术快速发展带来便利的同时，内心也越来越浮躁。但现实生活中仍有一群目标坚定、一心追求事业的人，他们听从内心使命的召唤，长期从事自己认为应该或值得付出的工作，这些人被称为具有使命感的人。随着社会经济和信息技术的发展，职业使命感已经成为人们工作追求的重要因素。德勤（中国）2016年的调查显示：千禧一代员工更加注重个人目标的实现，想拥有更具支持性和包容性的工作环境，会思考工作对于社会的价值等；如果这些需求得不到满足，未来一年将有25%的人选择尝试一份新工作，未来两年这一比例可能扩大到44%。说明新时代员工对工作的期望不只局限于薪酬和职务提升，还越来越注重精神和心理层面的追求，如工作的目的和意义、个人社会主义核心价值观的表达、自我社会价值的展现等，即追求一种工作中的使命感（Calling）。使命感作为一个不断泛化和世俗化的概念（谢宝国，辛迅，周文霞，2016），在现实中广泛存在于各类职业群体中。追寻自我使命在当前时代大背景下非常有必要，也很有价值。正如著名企业领导者保罗·波尔曼（2013）在英国《卫报》强调："我们都做着自己的工作，驱动着我前进的应该是更深层次的内心使命感。"

但是，拥有了使命感，是否意味着就会自然而然朝着期望目标前进，必将带来预期的体验或结果呢？

不少人怀有强烈使命与信念，却由于种种原因无法将内在的使命和抱负充分展现出来，或是在追寻使命的过程中遇到重重困难。现实中感知到使命却面临困境、无法实现的个体普遍存在（倪旭东，杨露琳，2021），这种"无处安放的使命感"会给他们带来例如受挫、沮丧、失望、压力、后悔等负面情绪（Berg, Grant and Johnson, 2010; Duffy and Dik, 2013; Gazica and Spector, 2015）。因此，脱离了"使命践行"去研究使命感是远远不够的，使命固然重要，能否展现与践行同样很关键（刘晨，周文霞，2022）。正如Duffy、Autin和Douglass（2016）所说："真正能够有机会践行自己使命的人，才是世界上最幸福的人。"[①]

1.1.2 理论背景

随着使命感主题被广泛关注，国内外关于工作场所使命践行的研究也随之兴起，取得了初步的研究成果（刘晨，周文霞，2022）。使命践行主题的升温，表明人们逐渐意识到个体践行使命的过程并非一帆风顺，往往会受到各种因素的制约（Elangovan, Pinder and Mclean, 2010），这种特定工作信念并不一定都能实现（Duffy and Dik, 2013）。因此，更加凸显使命践行具有的研究价值与实践意义。

本书之所以选取使命践行这一主题展开研究，主要基于以下几个方面的原因：一是当前正值我国向着第二个百年奋斗目标大步迈进，也是我国实施"十四五"规划的关键时刻，这意味着社会的发展、生活的稳定，以及个人职业成功需要树立更坚定的使命感和责任心，因此，在我国当前情境下对使命践行主题展开研究，具有坚实的现实基础和存在依据。二是通过梳理国内外有关工作场所使命践行的文献，作者发现从新的视角切入，该主题研究揭示了使命感不仅存在感知到"有"和"无"的问题，也存在"践行与否"的问题，即使命践行。这一主题引发人们对使命感及使命践行的深度思考与讨论，深化和推动了管理学领域使命感主题的研究。目前一些学者认识

---

① Duffy, R. D., Autin, K. L. & Douglass, P. D. (2016). Examining How Aspects of Vocational Privilege Relate to Living a Calling. The Journal of Positive Psychology, 11(4), 416.

到使命感的发展状态经历了从追寻（Searching）、感知（Perceiving）到实现（Living）的过程（倪旭东，杨露琳，2021），其中使命践行代表了实现阶段。从工作使命感到工作使命践行的过程可以视作现实自我和理想自我统一的过程（Hagmaier and Abele，2015），即从"有"到"实现"。而拥有使命并不意味着个体拥有一个完美的工作环境去践行使命感。Duffy等人（2018）认为个体不能践行使命时，倾向于在当前工作之外追寻使命践行的机会（Berg et al.，2010）以达到一种个人—环境匹配。然而，不匹配才是现实生活的常态（Zhang et al.，2012）。本书重点关注使命践行，着力于使命感如何实现的过程。进入组织情境中，员工个体通过何种方式才能达成工作使命践行？目前来看，回答这个问题的研究仍然十分匮乏，但是却十分必要，对这一问题的探究能够促使我们对使命感的过程形成更为全面和完整的认知。三是这个主题研究具有很强的延展性，可以引导我们进入更为广阔的研究领域，关注更多的组织现象。目前关于工作场所使命感对一些效果变量（例如工作幸福感、主动性职业行为、工作家庭冲突、工作投入等）的影响研究已取得一些成果，与使命感紧密连接的使命践行这一概念被视为能够引发个体和组织结果的更为直接的前因变量（Duffy，Allan，Autin and Bott，2013），预期会带来更为广泛的影响。大量受过高等教育的新生代劳动者进入职场，他们更为关注工作对精神需求的满足，实现自我价值、追求成长与进步成为职场个体普遍关注的问题。员工个体成长与进步与组织发展密不可分，也成为组织不可回避的重要问题，但是现有研究中关于使命践行到底如何影响组织内个体成长发展的论述还比较模糊，欠缺可靠、系统的论证。基于此，有必要对工作使命践行与员工的内在成长，以及与外在行为结果之间的关联性展开深入研究，以拓展和丰富使命践行在工作界面下的理论基础。

总之，无论是理论研究，还是现实需求，都凸显从使命践行视角深入剖析使命感得以实现对个体和组织引发影响的重要性和必要性，并且，对使命践行的探讨也能够积极推进员工职业/工作使命的达成。

1.2 研究内容

1.2.1 研究问题提出

随着现代社会经济水平的提高，人们看待工作的方式在不断演进和变化。不少职场人认为，工作是劳动，工作是职业，工作是谋生的手段。但是，随着人们对工作本身内涵理解的加深及工作经历的丰富，越来越多的人发现，工作还具有更为深刻的内涵——工作是个体创造价值、改造世界、服务社会、满足自我的具体形式。从某种意义上说，工作是人生的重要使命，人们通过工作寻求自我价值的实现。Duffy、Autin、England、Douglass 和 Gensmer（2018）曾经提到，职业使命感就是一种注重精神追求的高层次职业取向，具有工作使命感的个体将生命与工作融为一体，通过工作来寻求和实现个人的价值感和意义感。同时，当前职业选择的灵活性和职业转换的普遍性，也为人们在工作中积极追寻内心价值的实现提供了外部条件。因此，在内外部因素的驱动下，使命感作为个人价值与职业或工作的重要连接（倪旭东，杨露琳，2021），能够对个体的工作感知、态度、工作行为等带来一些积极结果。然而，使命感的上述积极影响，只有在人们从工作过程中体验到使命的践行才会非常显著。在实现职业价值的道路上，有不少个体能感知到使命却无法实现（Elangovan，Pinder and McLean，2010；Duffy and Dik，2013）。因此，组织中如何驱动具有职业/工作使命感的员工践行自己的使命，以及如何进一步发挥使命践行的最大效用，已成为职业领域和人力资源管理领域亟须探讨的重要课题。使命践行也成为探究个体积极心理及职场结果的一个非常有价值的主题和切入点。

面对无边界职业生涯时代的到来，现在的年轻人比过去拥有更多的职业选择机会，他们转换工作或职业更加频繁和自由。为什么有些人在进行职业转换之后使命感得以实现，而有些人的使命感却仍找不到安放之处呢？腾讯网在对中国创业者的一项调查中，总结出了初创公司所面临的"五道坎"，其中一条是"机制无序，难用人"。创业者普遍提到如果公司文化不适合员工的发展，优秀人才无法施展其使命抱负，只能选择离开，而公司也因人才流失而失去发展动力。由此可见，环境因素的差异会影响员工使命践行的程度。

通过对现有文献的梳理发现，该主题研究还有深入探讨和提升之处，主要表现为以下几点。

第一，作为职业使命感领域的新构念，目前对于使命践行的诱发因素的探讨还较为匮乏，亟待解决使命践行"从哪里来"，即如何才能激发或驱动职场使命践行。从更为宽泛的概念界定来看，使命感代表一种个人想做的、应该做的和实际做的事情的融合（Dik and Duffy, 2009; Hall and Chandler, 2005），而使命践行恰好表达的是实际做事情的真实状态，反映的是个体内心渴望的事情被展现出来的程度，体现出与使命感概念的不同。现有研究发现，一些感知到职业使命感的员工，经过一段时间的工作后，可以在工作场所体验到使命践行，但是也有部分员工无法在工作中实现使命感（Berg, Grant and Johnson, 2010），从使命感知到使命践行的中间可能会出现断层（王乃弋等，2022）。这就说明使命践行作为一种主观感知，势必会受到外部因素的影响而产生一定程度的变化，那么这种感知的变化究竟会受到哪些因素的制约和影响？组织中具有使命感的员工经历了怎样的历程从而影响了他们践行使命呢？这些问题是回答使命践行如何被驱动的关键。有学者进一步指出，个体能否践行使命往往会受到个体工作环境和生活环境的影响（Duffy and Autin, 2013）。当个体使命践行的需要未被满足时，需要综合考虑人与环境两方面的因素（倪旭东，杨露琳，2021），而工作机会的获得、工作资源的获取能够帮助个体在职场中获得使命践行的感知（Duffy, Dik, Douglass, England and Velez, 2018）。也就是说，组织作为提供机会资源的重要场所，组织环境对职场员工的使命践行起到了关键影响。

第二，鉴于使命感与使命践行能够引发一系列效应，使命践行在工作场所的作用机制需要深入探究。使命感作为一种主观的心理感受，研究发现其对组织和个体发展具有积极作用和意义（杨付，刘清，2021），而作为连接使命感与各种结果变量的纽带，使命践行理应也可以产生一系列积极影响。Duffy和Autin（2013）明确指出，使命践行能够使员工经历更多的组织认同、工作意义感、真实自我，对个体工作和生活产生重要影响。但是，从现有文献来看，使命践行的研究成果不够丰富，而且一些研究结论基于逻辑推理，欠缺有力的实证验证。更为重要的是，现有研究在阐述使命践行的作用效果时，虽然涉及个体层面和工作相关结果，但仅仅是关注其直接效应，难以看到使命践行产生上述影响的内在机理。而且，也未能明确回答一个关键问题，即使命得以践行对员工个体成长和外在发展意味着什么？尽管目前可以看到使命践行对个体健康、工作态度、工作行为的预测作用，但是在当下，具有使命感的个体更为关注自身在组织中的成长与发展。从组织层面出发，组织尤其关注的是组织绩效的提升，而组织绩效需要依靠员工个体绩效的提升。这也就意味着，员工成长与绩效提升是员工和组织的共同诉求。那么，使命践行对个体内在成长与外在绩效发展能够同时带来怎样的影响？遗憾的是现有研究并未给出明晰答案。因此，本书将尝试探究工作使命践行如何影响员工内在成长与外在绩效表现，通过考察工作场所中内在成长与外在绩效相关的效果变量，进一步探讨和研究组织内员工使命践行的影响效果及作用机理，以便更清晰地回答使命践行能够"到哪里发挥作用"这一重要命题，从而有利于今后采取有效措施进一步扩大使命践行的积极影响。

第三，在探究使命践行的边界条件时，发现有关调节因素的实证研究颇为有限，其理论基础也比较薄弱。总体来看，只有少量文献提到了使命感动机（Duffy, England, Douglass, Autin and Allan, 2017）、职场导师（Ehrhardt and Ensher, 2021）、工作重塑行为（Berg, Grant and Johnson, 2010; Duffy, Dik, Douglass, England and Velez, 2018）等在使命感预测使命践行中的调节作用，探讨角度颇为有限。并且，上述研究很少涉及使命践行影响效果的中介机制，因此，对于使命践行发挥作用的边界条件的探索显得更为匮乏。鉴于以上情况，有必要开拓思路，聚焦使命践行前因和后效的权变因素进行细致考察，对于全面、完整地理解使命践行的影响因素与作用效果具有重要价值。工作使命感理论（Working as a Calling Theory-WCT）（Duffy, Dik, Douglass, England and Velez, 2018）指出，心理氛围会在使命践行影响效果中起到调节影响。依据此理论，本书将尝试从员工感知的心理氛围入手，考察使命践行影响效果中的调节因素。

基于以上分析，本书着重围绕四个研究问题展开详细讨论：①组织中的员工践行工作使命，会受到什么重要组织情境因素的驱动？②进一步揭示在组织情境因素的驱动下，具有工作使命感的员工究竟经历了怎样的心路历程，才能在工作场所得以践行使命？③使命得以践行会给职场中的员工内在成长和外在绩效发展带来怎样的双重影响？其作用机制又是什么？④在工作使命践行的影响效果中，是否存在某种重要的起到调节作用的心理氛围因素？

1.2.2 研究模型的构建

对于组织内具有使命感的员工而言，他们如何才能践行自己的使命？又受到什么因素的影响或限制？现有研究成果发现，工作机会的获得、工作资源的获取能够帮助个体在职场中获得使命践行的感知（Duffy, Dik, Douglass, England and Velez, 2018）。由此看出，组织能否提供所需的机会和资源，对个体使命践行起到重要影响。Berg, Grant和Johnson（2010）也指出，在现有岗位上，一部分员工是由于使命感激励不足而无法践行自身工作使命，还存在大量的员工由于缺少必备技能或机会而导致无法实现自身职业/工作使命。因此，对于员工来说，能够提供所需机会和能力的组织情境，可能是实现个体使命践行的一条非常重要的路径。

在各组织环境因素中，与员工接触最为密切的是其直接领导。在工作中，领导通常扮演着举足轻重的角色，对于员工个体的动机、情绪及行为产生持续的、潜移默化的影响。领导者是工作环境中最具权威的力量，因此，员工使命践行的过程也离不开上级领导的支持和影响。个体使命践行与组织中的领导有着千丝万缕的联系，具备何种风格特质的领导才能对员工使命践行产生影响，其作用机理和边界条件是什么？当员工践行了自身使命后，又将对个体在组织内的成长发展和外在绩效表现产生怎样的影响？这些问题值得深入探究，且有必要采用较为科学的研究论证体系进行阐述和解答。结合上述研究问题，本书构建了整体研究模型，见图1-1。

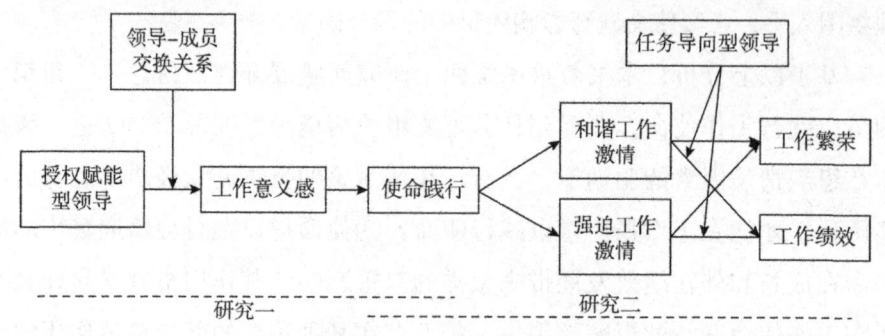

图1-1 整体研究模型

本书聚焦授权赋能型领导对员工工作使命践行的影响。之所以选择该类型领导风格，是基于前面陈述——能够为员工提供个体所需机会和能力的组织环境，将会是影响个体使命践行的诱因。领导是最为典型和常见的组织情境因素，因此，提供机会、促进能力提升的领导风格必然会影响员工使命践行。授权赋能型领导包含了"授权"和"赋能"相关的一系列管理行为，员工在这些行为中被赋予权利和与权利相匹配的能力（Konczak, Stelly and Trusty, 2000）。选择领导行为作为前因变量，也可以深化对于领导者影响下属方式的认知。同时，从授权赋能行为作用于个体使命践行的中介机制看，本书之所以选择工作意义感作为中介变量，是因为依据工作使命感理论（Working as a Calling Theory-WCT）（Duffy, Dik, Douglass, England and Velez, 2018），当具有使命感的个体体验到从事的工作是有意义和价值的，才会将其职业与整体人生意义感紧密联系在一起，从而进一步激发践行使命的行为、增强对使命践行的感知。之所以选择领导—成员交换关系作为边界条件，是因为领导能否授权员工是建立在领导对员工行为特征、人格类型，以及双方关系和情境的基础认知上，因此，上下级之间互动关系的质量，既影响了上级授权赋能的程度，也影响了下级对上级授权赋能的感知，从而增强或降低了授权赋能行为引发的效果。

从影响效果来看，本书重点关注了使命践行对工作繁荣和工作绩效的影响。之所以选择上述两个变量，是因为在不确定性时代，企业发展面对更多的挑战，企业员工不仅更加看重自身的成长与进步，而且也关注企业与自身共同发展。工作繁荣作为个体成长和进步的标志（Spreitzer，Porath and Gibson，2012），工作绩效关系到组织的发展。因此，以上两个变量自然成为衡量个体成长与组织发展的重要指标，也成为当前员工和组织最为关注的结果。既然使命践行作为一种积极认知状态能够使员工经历更多的组织认同、工作意义感、真实自我等积极体验，会对个体工作和生活产生重要影响（Duffy，Allan，Autin and Bott，2013），那么，也应该会对工作繁荣和工作绩效产生一定的影响。但是目前却鲜有研究者从这两个效果变量的角度去探讨使命践行的积极影响，其作用机理更鲜有研究，从而妨碍了使命践行的管理应用价值。此外，之所以选择和谐与强迫工作激情作为中介变量，是基于二元工作激情理论的逻辑推理。使命践行的过程意味着个体基本需求的满足，从而激发动机，而动机内化过程是激情产生的根本来源（Vallerand，2010）。之所以选择任务导向型领导作为调节变量，是因为使命践行、工作激情与结果变量的关注点都指向工作活动。同时感知领导支持和帮助是影响个体工作使命践行发生效用的重要调节因素（Duffy，Dik，Douglass，England and Velez，2018），而任务导向型领导行为可被视为在工作任务完成方面提供了一种重要的支持型氛围。因此，聚焦工作或任务完成的领导风格，预期会在其作用机制中起到权变影响。

1.3　研究设计

1.3.1　研究方法

本书主要采用了文献研究法和问卷调查法两种方法。

1. 文献研究法

文献研究方法能够帮助研究者更加全面地掌握某一研究问题的整体现状，并对该问题的历史发展脉络有更加清晰的认识。本书主要借助当前学术研究中普遍使用的数据库资源（EBSCO数据库、Sage电子期刊、Web of Science数据库、Springer电子数据库、Emerald数据库、JSTOR电子期刊、知网、万方、维普数据库、中国人民大学学位论文数据库等），收集以使命践行等相关变量为主题的期刊、硕博论文等，通过对相关文献的整理与归纳，获得研究启发与方法借鉴，并对现有文献的研究不足进行分析，在此基础上提出使命践行的前因与后效理论模型，同时结合相关文献的主要研究成果，逻辑推演出本书所涉及的研究假设。

2.问卷调查法

本书基于研究模型，选用当前实证研究中得到验证的较为成熟的测量量表进行数据收集。在具体收集过程中，对于使命践行、工作意义感、二元工作激情、工作繁荣、工作绩效、领导风格等潜变量则采取多阶段设计，尽量避免同源偏差对结果的潜在影响，而且，多时点收集数据可以增强自变量与因变量之间因果关系推论的说服力。最后根据验证数据的需要，借助SPSS分析软件，对测量工具的信度、共同方法偏差、构念之间的区分度，以及各个假设等进行了相应的数据分析与检验。

1.3.2 研究技术路线

本书设计了以下研究技术路线（见图1-2），从使命践行的理论研究进展到提出研究构思和实施研究，直至最终将研究成果撰写于本书中。

首先，通过观察组织管理实践中的问题聚焦于特定主题——使命践行，提出该主题的研究背景，回顾使命践行的最新研究，探求以往研究的切入点，从而提出研究问题和研究意义，这是整个研究的起点；其次，围绕研究中重要变量的含义、测量，梳理与主题相关的文献，这是整个研究的基础和依据；再次，基于文献得出使命感、使命践行对员工个体工作和生活具有重要价值，进行使命感的预调查，旨在验证在中国情境下，职业/工作使命感是一个凸显构念，具有普遍性；最后，鉴于现有研究对使命践行的前因机制探讨比较匮乏，因此从使命践行的前因入手，遵循"使命践行被什么驱动""去哪里发挥作用"这一逻辑链条，进一步考察其作用效果。据此，将整体研究分为两个子研究：研究一：聚焦员工工作使命践行的驱动机制。依据工作场所心理理论（Psychology of Working Theory，PWT）和工作使命感理论（Working as a Calling Theory，WCT），提出具体的研究假设；研究二：关注使命践行的作用机制。依据自我决定理论（Self-determination Theory，SDT）和二元激情理论（Dualistic Model of Passion，DMP），进行假设推理，以此将研究假设具体化。在上述研究基础上，选择适合的数据分析方法，以检验主效应、中介效应、调节效应假设等，对本文的研究结论做整体概括，最后引用论据阐述结论的合理性，并对研究局限和未来方向进行有重点的总结归纳。

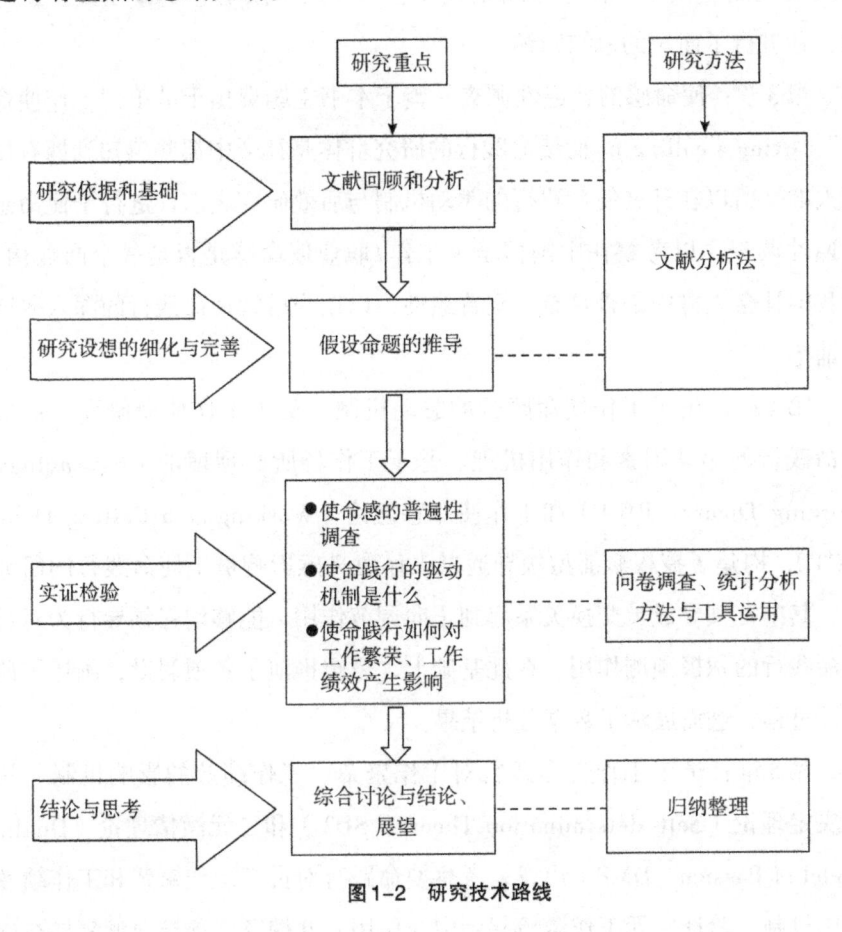

图1-2 研究技术路线

1.3.3 本书章节安排

本书共分为六章，主要内容安排如下：

第1章：绪论。主要从现实和理论两个角度交代了研究背景，提出了主要研究问题，阐述了本书所构建的研究模型，进而介绍了两种主要研究方法，以及论文研究技术路线与整体结构安排，最后说明了研究意义，以及可能的创新之处。

第2章：文献综述。聚焦本书研究的核心变量使命践行和使命感，分别整理了使命践行和使命感的现有研究现状，主要包括概念界定、测量方式、影响因素、影响效果等。在此基础上，整理和回顾了其他相关重要变量，包括授权赋能型领导、任务导向型领导、二元工作激情、工作绩效、工作繁荣，并进行了简短的总结归纳。

第3章：使命感的普遍性调查。鉴于本书主题聚焦于员工"工作使命践行"（living a calling），而使命践行的研究群体是社会中那些感知到拥有使命的人群，所以在开展使命践行的驱动机制与后效研究之前，进行了使命感的普遍性调查，以考察在中国情境下工作/职业使命感是否是一个凸显构念，在我国社会人群中是否具有一定普遍性，以期为后续使命践行的深入研究做好铺垫。

第4章：员工工作使命践行的驱动机制。员工工作使命研究一：聚焦使命践行的驱动因素和作用机理。基于工作场所心理理论（Psychology of Working Theory，PWT）和工作使命感理论（Working as a Calling Theory，WCT），构建了授权赋能型领导通过工作意义感影响员工使命践行的研究模型，其中，领导成员交换关系起到正向调节作用，能够增强领导行为对员工使命践行的积极预测作用。在此基础上，逻辑推演了各项假设，阐述了研究设计过程，进而展示了数据分析结果。

第5章：员工工作使命践行对工作繁荣、工作绩效的影响机制。从自我决定理论（Self-determination Theory，SDT）和二元激情理论（Dualistic Model of Passion，DMP）出发，考察使命践行对员工工作繁荣和工作绩效的作用机制，验证二元工作激情起到中介作用，并探究任务导向型领导在使命践行的作用机制中所起到的权变影响。遵循实证研究的范式，分别从假设提出、研究过程与方法、数据分析与结果几个方面进行具体阐述。

第6章：结论与展望。讨论两个子研究得出的重要结论，从理论和现实出发剖析其合理性，并总结本书可能的贡献、对管理实践带来的启示，以及研究中存在的局限，阐释了未来可以进一步拓展的方向和内容。

1.4　研究可能的创新与贡献

本书遵循实证研究范式，尝试构建并验证使命践行的驱动因素、影响效果，以及作用机制。在以往研究成果基础上，本书对弥补现有文献的不足做出一定贡献，主要包括：

第一，首次从领导行为视角考察使命践行的驱动机制。使命践行作为当前使命感研究领域的一个新课题，正在逐步引起国内外学者的关注和重视（刘晨，周文霞，2022）。但是，使命践行研究目前仍处于起步阶段，相关研究成果比较匮乏。作为职场中具有使命感的员工，他们普遍关注的一个问题是如何才能够践行自己的工作使命感。然而，现有研究关于使命践行的前因探索比较匮乏，国外学者对使命践行的影响因素进行了初步探讨，但是研究成果围绕个体特征（使命感）探讨居多，少量研究提到工作相关因素和社会化环境，但其作用机理并不明确。仅个别学者通过实证研究探索了使命感对使命践行的影响机理（Duffy and Autin, 2013; Hirschi, Keller and Spurk, 2018; Duffy, Douglass, Gensmer, England and Kim, 2019）。考虑到组织环境可能是个体践行使命的一个重要影响因素（Duffy and Autin, 2013），而领导是最有代表性的组织情境因素，且员工在工作场所中会受到直接上级潜移默化的影响，因此，本书突破了现有研究成果的局限，首次选择从领导者视角入手，尝试揭示在特定领导行为影响下，使命践行是如何被驱动的，以及产生作用的内在机理和边界条件，借此能够从组织环境因素方面进一步补充使命践行前因的研究。

第二，将使命践行的影响效果扩展到工作繁荣和工作绩效，并揭示其作用机理。针对使命践行的影响效果，目前研究者主要从压力、挫败、健康水平等个体身心健康（Conway, Clinton, Sturges and Budjanovcanin,

2015；Duffy，Allan，et al.，2013）、工作/生活满意度、工作投入等情感态度（Duffy and Autin，2013；Gazica and Spector，2015）和工作重塑行为、组织公民行为等工作场所行为（Berg，Grant and Johnson，2010；李翊君、黄一鸣、王紫等，2021）方面实证探讨了使命践行可能带来的影响。对于拥有强烈工作或职业使命感的员工而言，他们会更加关注工作中个人价值的实现，以及在工作中获得的成长与发展。对感知到实践自身使命抱负的员工而言，使命践行究竟对他们内在成长意味着什么？使命践行作为一种良好结果（倪旭东、杨露琳，2021），有利于组织健康发展（刘晨、周文霞，2022），那么使命践行又对组织发展意味着什么？现有研究并不能给出明确答案。由此，本书聚焦个体内在成长与组织发展最为关注且直接的两个效果变量，即工作繁荣和工作绩效。虽然个别学者提出使命践行会对工作绩效产生影响（Duffy，Dik，Douglass，England and Velez，2018），但也仅停留在理论分析层面，欠缺实证支持。并且，使命践行对于工作繁荣的影响效果，目前更不得而知，在中国组织管理情境下的探讨也尤为匮乏。所以本书同时聚焦工作繁荣和工作绩效，从二元工作激情视角出发，探究员工使命践行对工作繁荣与工作绩效的影响机理，从而进一步丰富使命践行在工作场所的影响效果及其内在机制的相关研究。

第三，补充了使命践行发挥作用的边界条件。现有使命践行的研究成果较少，因此对于使命践行调节因素的探讨颇为有限（刘晨、周文霞，2022）。即便有文献涉及使命践行前因的调节因素阐述，也主要基于演绎推理，尤其对使命践行作用机制的调节因素实证考察更乏有问津。考虑到在工作情境下，领导者与下属的关系最为紧密（倪旭东、杨露琳，2021），本书聚焦任务导向型领导，考察该种领导风格在使命践行影响结果中所发挥的调节作用，从而对使命践行影响效果的边界条件研究进行有效的实证补充，同时也呼应了研究者（刘晨、周文霞，2022）所提到的有必要挖掘使命践行的边界条件，这对于完整理解使命践行的作用效果具有重要价值。

第四，构建了使命践行"如何被驱动"和"到哪里发挥作用"的研究模型，从前因和结果两方面丰富了工作场所使命践行研究成果，且实现了对工作使命感理论（Working as a Calling Theory，WCT）的进一步拓展。以往对使命践行影响因素与影响效果的考察都是独立进行的，无法从整体上更清晰地把握使命践行如何被驱动、如何给个体与组织带来影响等问题。本书从驱动机制和对工作结果变量的影响机制两方面构建了整体化研究模型，有助于对使命践行过程进行更为全面的审视。同时，作为使命践行领域比较有影响力的一个理论，工作使命感理论（Duffy，Dik，Douglass，England and Velez，2018）虽然阐述了使命践行的预测因素，包含个体特征因素（使命感）和机会获得，但以往并未从领导者这个重要组织情境因素视角进行探讨。本书对结果变量的探讨，也补充了WCT理论关于使命践行引发积极效果的阐述内容，从而进一步丰富了WCT理论。

第 2 章
文献综述

2.1 使命感的研究综述

2.1.1 使命感的概念界定

目前学术界对使命感的界定主要有三种比较有代表性的视角。

第一，古典主义观点（classical persperctive）。该视角因为继承了犹太教——基督教传统（Judeo-Christian heritage）而具有浓烈的宗教色彩。

第二，现代观点（modern perspective）也因应运而生。使命感的现代观点强调个人职业选择过程趋向自我实现或快乐的内在驱动力。比较有代表性的学者主要有 Dobrow、Tosti-Khars（2011）和 Hall 和 Chandler（2005）。Dobrow 和 Tosti-Kharas（2011）将使命感定义为"个人在特定工作领域中所体验到的一种消遣式（consuming）、有意义（meaningful）的激情"；Hall 和 Chandler（2005）将使命感定义为"一种知觉为自己生命目的的工作"。

第三，新古典主义观点（neoclassical perspective）既聚焦于个人内部也聚焦于个人外部，既强调使命感的个人重要性也强调使命感的社会重要性，因而也更符合使命感的本意（Ponton et al., 2014）。该观点比较有代表性的学者有 Dik 和 Duffy（2009）、Bunderson 和 Thompson（2009）等。Dik 和 Duffy 将使命感界定为"一种源于自身并超越自我的超然召唤，即以一种能展现或获得目的感或意义感，以及以他人导向的价值观和目标作为基本动机来源的方式去践行特定生命角色"。Bunderson 和 Thompson（2009）首先通过质化研究探索了动物管理员在工作中是如何感知使命感的。他们的研究显示，动物管理员对使命的感知既包括天生注定，也包括激情和生命意义。在此基础上，他们综合了使命感的古典主义观和现代观点开发了新古典主义使命感量表。

从使命感的召唤者（Caller）来看，使命感的三种观点存在一定区别：古典主义使命感认为使命感的召唤者仅为上帝；现代使命感认为使命感的召唤者为个人自身；新古典主义使命感的观点则认为召唤者既包括自己也包括外部，即既强调工作对个人自我价值实现的功能，也强调工作对公共福祉贡献的功能。用辩证唯物主义的观点来说，新古典主义对使命感的界定是将工作的个人重要性和社会重要性有机地统一起来。

近年来，随着使命感研究的扩展，使命感开始与世俗的职业领域相关联。学者们开始淡化使命感中包含的神学意义，有关使命感的研究更多地出现在普通的工作人群之中。使命感已演变成为一种内在的激情，主要表现是对特定职业或者生活的目标感和意义感。目前在文献中查找到的关于使命感的定义有很多（见表2-1）。

表2-1 使命感的定义

文献出处	使命感定义
Davidson and Caddell, 1994	使命感是在特定职业中上帝的召唤
Bellah, Madsen, Sullivan, Swidler and Tipton, 1985	使命感同生计、事业一样，是人们面对工作的三种取向之一，每一种取向都描述了人们可以从工作中找到的不同类型的意义感。有着使命取向的个体，会在道德上认为工作与他们的生活密不可分，是一种内在奖赏，也是个人满足和认同的中心
Bunderson and Thompson, 2009	个体内心感受到有一种命中注定的、亲社会的责任，并根据自己特别的天赋或者生活机遇，认为应当选择在某种社会职业分工领域工作
Justin et al., 2010	个体在组织中表现出的某种特质，主要包括：在工作中的工作环境、人际关系或者奖励吸引个体去追求更高的成就；具有使命感的员工通常将工作看作令人愉快的、有意义的事情；并在工作中将使命感视为自己身份特征的一部分

续表

文献出处	使命感定义
Dobrow and Tosti-Kharas, 2011	个体在某一领域体验到的强烈的、有意义的激情。具体从三个角度描述使命感的定义：①指向某个领域的；②不是有或者无的二元概念，而是从弱到强的一个连续过程；③使命所指领域不仅仅局限于工作，使命领域包括职业、志愿活动、家庭等，也可以是某种抽象概念，比如可持续经营、社会正义
Hunter, Dik and Banning, 2010	让参与者自己定义使命感，最终总结为三点：①使命感是人生的指引力量；②使命感与匹配度、幸福感和意义感相关；③拥有使命感为社会带来正面的利他结果
Dik and Duffy, 2009	工作领域使命感包含三要素：①感知到来自高层权威、社会或者国家需要、家族传承等方面的外部召唤；②人们会倾向于去做那些与自己广义人生目标相关的工作，工作既是目标的来源也是表达；③利他倾向，具有使命感的个体直接或者间接地帮助他人，展现更多的善意

当前国内研究引用较多的职业使命感定义由 Duffy and Dik（2013）提出，将工作/职业使命感的来源定位于个体内外，这些来源引导个体从事某项职业工作。这三个来源包括：①外部召唤，即其他外在物为他人服务的天职；②工作和生活目标及意义的一致性，即充分利用自身才能去工作，期望得以实现个人的目标和价值；③亲社会性，即追求为他人贡献的社会价值。

与国外学者相比，国内学者对于在我国文化情境中使命感的定义主要有两种观点：①吕国荣（2007）指出，职业使命感是指个体具备坚定信念和足够的热情，在已知自己工作内容的前提下，明确自我工作的目的和意义，并且能够通过在当前职业中的奋斗，将自己与更加崇高的事业紧密联系起来；②于帆（2011）提出，职业使命感要求将个体的人生价值、生命意义与工作意义相结合，工作职业不存在高低贵贱差别，只要个人能从工作中获得乐趣、产生积极有益的效果、可以帮助他人获益，就能在工作中真正地体会到人生意义和生命价值。

综上所述，虽然当前国内外学者对于工作领域使命感的定义还没有达成一个明确统一的标准，但依据主流观点，能够归纳出三个主要共通点：①职业使命感的来源可能是外在的某种需求或者精神力量，也可能是源自个体内心的心灵感知，更大可能性是由个体内、外部相结合而产生的；②职业使命感会与个体的人生价值保持一致，表现出工作的意义性和幸福感；③职业使命感具有利他性、亲社会的倾向，有使命感的个体会具有强烈意愿想要帮助他人，服务公众，甚至是整个社会。

2.1.2 使命感的测量

由于学者们对使命感的定义不同，国内外不同学者研究设计开发出多种形式的用于测量职业使命感的量表，并逐渐从早期以单维为主，转向当前多维发展的趋势（见表2-2）。早期，Wrzesniewski（1997）研究开发出以14道是非判断题为条目的单维使命感量表（Calling Orientation Scale，COS），但是经过多次实证数据检验发现，用该量表对使命感进行测量时难以达到令人满意的信效度，因此该量表可接受性和可用性不高。Dobrow and Tosti-Kharas（2011）依据现代主义视角把使命感定义为"个体对职业的强烈热情，并可以在工作中感受到强烈的意义感"，开发出新的单维使命感量表（Calling Scale，CS12）。该量表中包含12个条目，采用李克特7点计分的方式，分数越高表示其使命感越强。在针对不同职业的测量时，仅需通过对问题条目中的职业进行修改变动即可使用，因此被大量学者运用在实证研究中。经证实，此量表在中国文化背景下也具有很好的信效度（张春雨，2013），是当前职业使命感单维量表中影响较大且较为准确的一种量表。Hagmaier and Abele（2012）采用综合两阶段、定性与定量的方法，开发出多维使命感量表（Multidimensional Calling Measure，MCM），其维度主要包括职业认同和个人环境匹配、超然引导力，以及意义感和价值驱动行为。MCM使命感量表在以德国和美国跨文化职业人群为基础样本的实证研究中进行了检验，被证明具有较好的信效度，但由于该量表的运用和信效度检验多建立在工作群体之上，不适用于本书。

当前在研究中使用频率较高的使命感多维量表主要是Dik and Duffy开发的BCS使命感量表（Brie Calling Scale）和CVQ使命感量表（Calling and Vocation Questionnaire）。BCS量表中仅包含两个条目：一是"我对某种特定的职业工作具有使命感"，用于测量感知使命感；二是"我对我的职业使命感有较深刻的理解，并能运用其指导我的工作"，用于测量践行使命感。这两个条目之间的相关性较高，但是由于过度简化、抽象，可能造成被测试者对于条目的理解差异性较大，导致推广和运用受限。为了改善该量表，Dik and Duffy（2012）又进一步发展研发出 CVQ 量表。该量表用 12 个条目测量感知使命感和践行使命感（共 24 个条目问题），在两种职业使命感下细分为外部召唤、工作意义性和亲社会性三个维度。该量表已经被证实无论是在西方背景下，还是在我国都具备了较高的信效度（Dik and Duffy，2012；顾江洪，江新会，2018）。

在我国学者针对本国文化背景自主研制出的量表中，具有代表性的有廖传景等（2014）编制的专门针对中小学教师职业使命感的问卷（STVC），包括 4 个维度、共 22 个条目，4 个维度分别是使命唤起、职责担当、利他贡献和职业坚守。该问卷采用李克特 6 点计分方式（0—5 分），分数越高表明该教师的职业使命感越强。但由于该问卷仅适用于测量中小学教师群体，测试面较窄，所以当前在国内研究中运用较少，信效度还有待进一步检验。Zhang，Dik and Wei（2015）在分析研究中西方文化背景差异时，以我国 210 名高校在校大学生为测试对象，运用质化文献分析方法构建职业使命感的特征体系，最终设计出中国使命感量表（Chinese Calling Scale，CCS），主要包括三个维度：导向力、意义与目标感、利他性。该量表已经经过实践的验证，具有良好的结构效度与拟合效度，但当前使用量仍然较少。

表 2-2　使命感的主要测量量表汇总

维度	作者	量表内容
单维	Wrzesniewski Dobrow 和 Tosti-Kharas Dik 和 Duffy	COS，14 道是非题 CS12，12 个题目 BCS，2 个题目
多维	Hagmaier 和 Abele Dik 和 Duffy 廖传景 Zhang，Dik 和 Wei	MCM（职业认同和个人环境匹配、超然引导力、意义感和价值驱动行为） CVQ（外部感召、亲社会、工作意义性）24 个题目 STVC（使命唤起、利他贡献、职责担当、职业坚守）22 个题目 CCS（导向力、积极倾向、意义与目标感、利他性）

2.1.3 使命感形成的影响因素

使命感是一种内在的心理感受,其形成和演变受到外部环境(如社会、家庭和工作)、自身行为因素,以及内在因素(如能力和宗教信仰)等方面的影响。

1. 内在因素对使命感的影响

从个人内部角度,员工对职业的判断与态度会受到宗教信仰、人格特点、受教育程度,以及能力等方面的影响。研究表明,拥有宗教信仰的人面对工作更虔诚、感受到更加强烈的召唤,职业使命感也随之增高(Hagmaier and Abele, 2012)。同时,个体人格特点也是职业使命感的有效预测因素,员工具备的积极心理资本,如乐观、自我效能与抗逆力等,都可以唤醒个体的价值感与意义感,增强员工的职业使命感(顾江洪,江新会,2018)。作为员工对自己的能力和价值最基本的评价,核心自我评价与职业使命感正向相关(Duffy et al., 2014)。研究发现,在同等条件下,受教育程度高的个体职业获得感和满意度更高,进而提升职业使命感(Dobrow, 2013)。在以上个体影响因素中,Dobrow(2013)认为,能力是人们在追求职业使命感的过程中,完成工作任务的胜任程度,个体的工作能力强意味着更容易感受到完成任务带来的愉悦的工作体验,心理与情感得到满足,进而强化职业使命感;并且指出,能力与动机、激情和紧迫意识积极相关,而这些概念又与使命感密切相关。

2. 行为因素对使命感的影响

Dobrow(2013)访谈了450名业余音乐爱好者,受访者普遍认同使命感的外在表现首先是在某个工作领域具有强烈的动机,其次是能够体会到该项工作的意义感,而且个人行为在职业使命感的形成过程中发挥了重要作用,其中行为投入是典型的个人行为因素。行为投入是指追寻使命感的具体行动,可以有多种表现形式:①重复。可以强化人们对刺激源的积极情感,积极情感反过来促进使命感强化;②目的性实践。人们带着强烈的目的和明确的目标从事的工作与其动机和快乐密切相关,也会强化使命感;③教育经历和专业经历。职业认同发展理论认为,良好的教育经历和专业经历可以提高职业获得感，进而提高职业满意度，从而强化职业使命感。

3.外部环境对使命感的影响

社会交往是人的基本特征之一，个人在日常生活和工作中必定会跟各种类型人打交道，其心理和情感也会受到周围人的影响。现有研究中关于外部环境对职业使命的影响主要有以下几个方面：

（1）社会安慰对使命感的影响。社会安慰是社会因素的一种重要衡量指标，是指个体在人际关系和人际互动中的投入程度，即在作用过程中感受到的舒适、快乐，以及与周围其他人相处得融洽。个体处理好与周围人之间的关系，更贴切地融入组织，对其主观职业感知非常重要，比如职业成功、工作满意度，以及工作相关的自我效能等。在职场中，个人需要在与他人不断地联系和互动中学习和成长，如果能体会到社会安慰，就能更加自如地表达自我，从而发展和强化职业使命感（田红彬等，2019）。

（2）家庭与同事对使命感的影响。Bott等学者（2017）对17位内科医生进行了半结构化深度访谈，讨论其如何理解职业使命感，职业使命感如何形成，如何影响当前和以后的工作选择，如何影响个人和社会经历等。研究结果显示，受访者普遍将职业使命感理解为自己职业选择的感召和引导力，认为这一概念具有明显的社会性，即职业使命感的形成会受到周围人的影响，特别是同事和其他家庭成员，就此做出的选择大多是为了回馈社会或其他人。当受访者谈到为什么要做内科医生时，很多人回答是可以为其他人提供帮助。随着职业经历的增加以及自我开发程度的提高，人们对职业和自身特征、优势和价值观有了更深入和全面地了解，才会形成明确的职业使命感。

（3）组织支持对使命感的影响。来自组织的支持不仅可以给员工带来物质上的回报，还可以通过增加个体在职业中感受到的价值感、意义感，以及自我实现感，使员工获得更深层次的满足，有利于员工职业使命感的形成（Cardador et al., 2011；Dobrow, 2013；黄丽等，2019）。Rawat等（2015）提出，在组织中，领导提高下属的工作自主性或是为员工提供参与决策的机会，能够推动个体进行工作重塑，追求职业使命感。

（4）领导风格对使命感的影响。不同的领导风格也可以在一定程度上增加下属的使命感体验，如精神型领导通过关注追随者的精神需要，重视追随者的价值感受，对下属职业使命感产生积极效应（Markow and Klenke，2005；Duffy et al.，2014）。真实型领导致力于建立关系透明、信息平衡的组织关系，员工受到领导感召力的影响，能够将精力集中于组织目标，并将组织目标内化为自己与组织共同的使命（Duffy et al.，2014）。学者田红彬和田启涛（2019）通过对企业员工的实证调查发现，服务型风格的管理者通过在工作中言传身教，教导下属遵循道德行事，积极为社会作贡献，帮助员工感受到工作带来的个人价值与成功，进而有效地增强个体的职业/工作使命感体验。

2.1.4 使命感的影响效果

使命感影响效果的理论模型主要包括职业成功使命感模型（A Calling Model of Career Success）（Hall and Chandler，2005）和工作使命感模型（Work as a Calling Model）（Duffy et al.，2018）。根据这两种理论模型，使命感影响效果可划分为职业心理、职业能力和职业产出（见图2-1）。

1. 职业心理与状态

使命感能够为个体带来积极的职业心理与状态。具体而言，基于外部环境视角，高使命感的个体拥有更明确的目标，他们会打破壁垒进入社会环境，将组织作为一种工具以实现职业目标，从而提升自己的工作满意度（Duffy, Bott et al.，2012；Hagmaier and Abele，2012；Xie et al.，2017）。在这一过程中，组织工具性(organizational instrumentality)对高使命感的个体产生强大的吸引力，进而提升其组织认同、降低离职倾向（Cardador et al.，2011）。此外，基于内在动机视角，高使命感的个体能够获得积极的职业心理与状态。个体有三种基本的心理需求：能力、关系和自主，满足这些需求有助于个体发挥最佳状态（Deci and Ryan，2000）。实现使命感的个体在工作中满足其自主需求，有助于提升幸福感（Conway et al.，2015）、激发在工作中的愉悦感和意义感（Berg et al.，2010）。因此，与没有或拥有低使命感的个体相比，高使命感的个体会增强其组织承诺(赵小云，王静，2016)、职业承诺和留职倾向（Duffy，Dik and Steger，2011；Duffy et al.，2018；Gazica and Spector，2015；韩雪，厉杰，2018）。最后，高使命感的个体能够更适应职业环境（Xie et al.，2016），并善于与同事进行知识分享，进而获得高职业满意度（Lee，2016）。

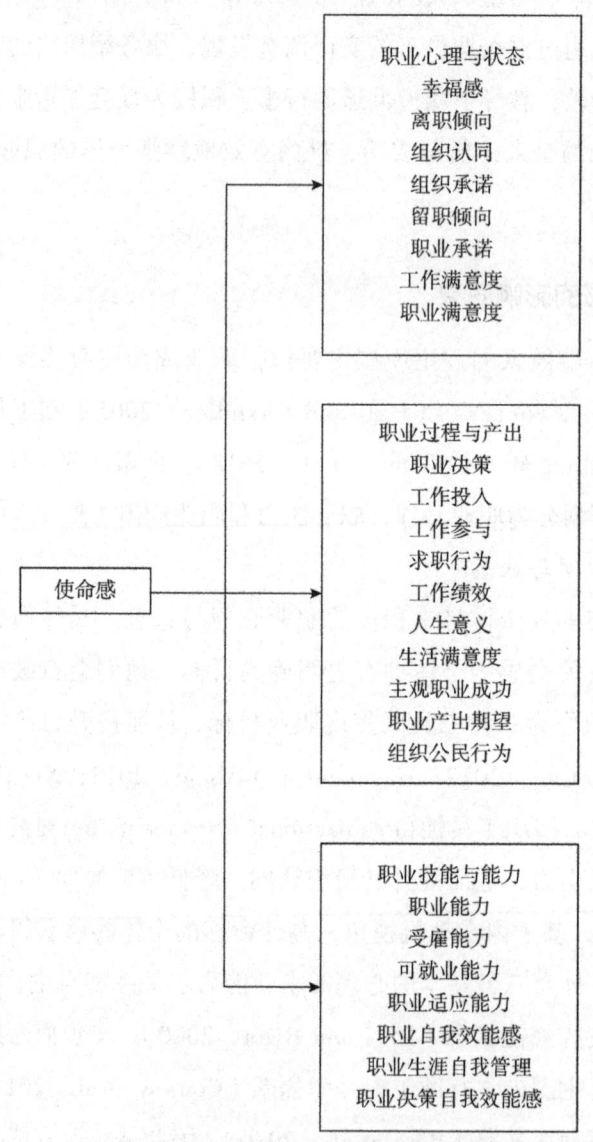

```
                    ┌─────────────────┐
                    │  职业心理与状态  │
                    │     幸福感      │
                    │    离职倾向     │
                    │    组织认同     │
             ┌─────→│    组织承诺     │
             │      │    留职倾向     │
             │      │    职业承诺     │
             │      │    工作满意度   │
             │      │    职业满意度   │
             │      └─────────────────┘
             │
             │      ┌─────────────────┐
             │      │  职业过程与产出  │
             │      │    职业决策     │
             │      │    工作投入     │
             │      │    工作参与     │
             │      │    求职行为     │
  ┌──────┐   │      │    工作绩效     │
  │使命感│───┼─────→│    人生意义     │
  └──────┘   │      │    生活满意度   │
             │      │  主观职业成功   │
             │      │  职业产出期望   │
             │      │  组织公民行为   │
             │      └─────────────────┘
             │
             │      ┌─────────────────┐
             │      │  职业技能与能力  │
             │      │    职业能力     │
             │      │    受雇能力     │
             └─────→│   可就业能力    │
                    │  职业适应能力   │
                    │  职业自我效能感 │
                    │ 职业生涯自我管理│
                    │职业决策自我效能感│
                    └─────────────────┘
```

图2-1 使命感影响效果的实证研究整合模型

资料来源：杨付，刘清. 使命感的影响效果[J]. 心理科学进展，2021，29（9）：1647—1656.

2.职业技能与能力

（1）使命感通过职业适应能力，不仅可以增强职业决策自我效能感（Duffy，Allan and Dik，2011；Douglass and Duffy，2015），还可以提升包括人际网络、自我展示和工作探索等职业能力（Dumulescu et al.，2015）。

（2）使命感会促进个体积极地提前参与目标设定过程（Duffy et al.，2015；Hall and Chandler，2005），即前设职业发展(Proactive Professional Development，PPD)，从而帮助他们拥有更清晰的职业认知（Lysova et al.，2018）和求职清晰度，进而提升其感知到的可就业能力（叶宝娟等，2017）和受雇能力（Lysova et al.，2018）。

（3）使命感通过激发个体在职业发展过程中的心理参与来关注和聚焦自己的职业目标（Hall and Chandler，2005），从而驱动个体在职业发展过程中的自我管理与自我发展行为（韩雪，厉杰，2018）。此外，学习经验有助于促进职业自我效能感（陈鸿飞等，2016），作为一种学习经验，使命感能够对个体的职业自我效能感产生积极影响（陈鸿飞等，2016；Dobrow and Tosti-Kharas，2012）。

（4）高使命感的个体还会自主地提升自己的能力，不断探索和学习，参与到与上级和同事间的知识分享中，通过不断地知识学习—反馈这一循环来获得新的技能（Lee，2016）。

3.职业过程与产出

使命感对职业过程与产出的影响效果主要包括6个方面。

（1）利他主义和亲社会动机是它的典型特征（Zhang et al.，2015），拥有使命感的个体更倾向于为组织做出牺牲，从而表现出建言行为（张跃等，2018）和组织公民行为（Xie et al.，2017）。

（2）使命感能够为个体提供一种个人存在意义的确定性，这种确定性能够帮助个体在职业选择时做出明确决策，提升制定职业决策的信念和信心（Douglass and Duffy，2015），抑制个体在制定职业策略时犹豫不决的行为，实现主观职业成功（Duffy and Sedlacek，2007）。

（3）高使命感的个体更能适应多变的职业环境（Hall and Chandler，

2005），他们会发自内心享受工作，从而在工作中表现出高程度的工作参与和工作投入（Hirschi，2012；Gazica and Spector，2015；Xie et al.，2016；顾江洪等，2018）。

（4）利用组织工具性，高使命感的个体能够实现其职业目标，进而提升自己的工作绩效（赵小云，王静，2016）。

（5）使命感通过提升个体在职业中的自信程度（Dobrow and Heller，2014），为他们带来更高的职业产出期望，并促使其表现出积极的求职行为（叶宝娟等，2016），同时对学业投入的提升也有重要价值（陈鸿飞等，2016）。

（6）使命感不仅能够对个体职业内效果产生积极影响，还能够带来个体职业外的积极产出。人生目的是使命感的核心特征之一，拥有使命感的个体能够感知到其存在的人生意义（Duffy，Manuel et al.，2011；Duffy et al.，2016；Duffy et al.，2017），从而提高其生活满意度（Allan et al.，2015；Duffy et al.，2017；张春雨等，2013）。同时，使命感还能够通过改善个体在工作中的良性状态对其生活满意度产生积极影响（Allan et al.，2015）。

2.2 使命践行的研究综述

2.2.1 使命践行的概念形成

使命践行的概念源于学术界对使命感的研究。当前，物质生活的不断丰富使得人们越来越关注精神需求的满足和内在价值的实现，于是，起源于宗教学的使命感（Calling）这个概念在管理学和职业心理学领域再度复苏（谢宝国，辛迅，周文霞，2016），逐渐吸引了大量学者的关注。伴随着使命感在管理学界的热议，学者们意识到对于个体而言，使命感能否践行与感知使命、拥有使命同样重要，于是一个新的学术概念——使命践行（Living a Calling）应运而生。

关于使命践行的界定，前期使命感探索性研究为该概念的形成奠定了基础，Berg、Grant 和 Johnson（2010）在使命感研究中提出了"未回应的职业使命感（Unanswered Occupational Callings）"，将其含义归纳为4个方面：①个体被吸引去追寻；②期望获得内在愉悦感和意义感；③视为自我统一性的核心；④在工作角色中无法正式体验到。上述研究进一步指出它是一种个体对待特定职业或工作的态度，在这种特定职业中个体并未体验到正式职业角色。但需要注意的是，Berg、Grant 和 Johnson（2010）提到的未回应的使命感侧重在现有正式职业角色之外的其他使命感未得到践行。类似的，一些研究也提到了"不健康的使命感追求"（Unhealthy Pursuit of Callings）（Gardador and Caza，2012）、"未实现的使命感"（Unfulfilled Calling）（Duffy，Bott，Allan and Torrey，2012）。总体来看，上述名词仅针对特定现象进行表述，但在内容方面都未给予清晰明确的界定（刘晨，周文霞，2022）。

一些学者认为，个体感知到使命并不必然意味着可以实践自己的使命，尽管有些人感知到强烈使命，但除非有机会真正展现或践行它，否则个体可能很难体验到心怀使命投入工作所带来的积极结果（Duffy，Bott，Allan and Torrey，2012；Duffy and Dik，2013）。于是学者们开始意识到使命感知（Perceiving a Calling）与使命践行不能混淆。随着研究的深入，Duffy、Allan 和 Bott（2012）首次提出了使命践行（Living one's Calling）这个概念，Duffy、Allan 和 Bott（2012）表明，使命感知与使命践行是有所区别的两个独立概念。Duffy 和 Autin（2013）进一步将使命践行的含义明确界定为"个体目前从事满足自身使命感的相关活动或工作的程度"。使命践行是指一个人感知到使命后，能从事让自己的使命感定期展现的工作（Duffy and Autin，2013；田喜洲，左晓燕，2014）。使命得以践行的个体是真正投入该工作的人，能够体验到现实自我与职业使命的逐步靠近（Hirschi，Keller and Spurk，2018）。

2.2.2 相关概念的区别

为更好地把握使命践行内涵，有必要区分以下几个相关概念。

（1）使命感。主要表现是对特定职业或者生活的目标感和意义（崔明洁，2018），使命感群体广泛存在，使命感具有普遍性。工作领域使命感包含三要素：一是感知的外部召唤，这种召唤可能来自社会或者国家需要、高层的权威、家族影响等方面；二是与广义人生目标密切相关，工作既是目标的来源也是表达（崔明洁，2018）；三是具有利他性，具有使命感的个体直接或者间接地帮助他人，展现更多的善意（Dik and Duffy，2009）。在使命感测量过程中，学者（Dik, Eldridge, Steger and Duffy，2012）将其构念进一步分成了两个方面：一是使命感存在（Presence），二是使命感追寻（Search），即一部分个体目前拥有使命感，另一部分人可能目前未感知到明确使命感但正在主动追寻过程中。由此可见，使命感是一个内涵广泛的概念，从测量角度既包含使命展现，也涉及使命追寻过程。

（2）使命找寻（Searching A Calling）。是指个体企图找到自身使命感的程度（Duffy, England, Douglass, Autin and Allan，2017），包含个体主动探索、体验自我去培育使命感（倪旭东，杨露琳，2021）。

（3）使命感知（Perceiving A Calling）。是指使命感在目前工作中显露出来的程度（Duffy, England, Douglass, Autin and Allan，2017），意味着个体已经明确了自己内心使命所指向的工作或职业（倪旭东，杨露琳，2021）。

（4）使命践行（Living One's Calling）。反映的是个体感知的使命目前在具体工作中践行的程度（Duffy, England, Douglass, Autin and Allan，2017），会受到有成就感的工作经历的影响（Duffy, Autin and Douglass，2016）。相较于前三个概念，使命践行强调的是"做"和"展现"（Conway, Clinton, Sturges and Budjanovcanin，2015）。从使命找寻到使命感知，再到使命践行，体现了使命感的发展过程，这三种状态的进阶是对自身和所召唤的职业逐渐清晰的过程（倪旭东，杨露琳，2021）。因此，使命追寻、使命感知、使命践行既相互联系又相互区别（刘晨，周文霞，2022）。有一个形象的比喻，使命感知就像人们拥有一辆车，而使命践行意味着真正驾驶这辆车（Duffy, Autin and Douglass，2016）。

有学者（倪旭东，杨露琳，2021）整合提出了使命感三种状态（使命找寻、使命感知和使命践行）之间的转变机制。首先，找寻使命的个体会通过激发主动性职业行为来提升使命感知，支持性网络关系和职业技能的要求程度会影响使命找寻与使命感知之间的关系。也就是说，当个体面临低社会支持和高工作要求的工作场景时会产生较大工作压力。明确感受到高职业要求带来的困难而又得不到必要支持时，个体的使命感知就会变得不明朗。其次，具有较强使命感知的个体也并非一定能顺利实现其内心使命，为了实现使命感，个体需要实施行动去化解工作中的困难，由此，使命感知会通过提升职业承诺来促进使命践行，而工作重塑、上下级关系、多重角色冲突、工作压力、工作决断力、职业韧性这些因素在使命感知和使命实践二者之间可以起到调节作用。

2.2.3 使命践行的测量方式

目前在使命践行的测量方面，主要涉及量表法和日志法两种方法。量表测量呈现单维度多项目形式。学者Duffy、Allan和Bott（2012）较早开发了使命践行量表（Living Calling Scale），该量表包含6个题项，采用1—7等级李克特评分方式，典型测量条目有"我持续地实现了我的使命感""我目前在工作中实现了我的使命感"等。需要注意的是，测量条目中还有一个附加项，即"不适用——我没有使命感"，鉴于使命践行的前提条件是个体具有使命感，因此该选项可以帮助排除不符合要求的被试者。这是一种直接测量个体感知的方式，该量表后来被相关学者多次使用，在实证研究中具有较好的信度和效度（Conway, Clinton, Stugres和Budjanovcnin, 2015），在对英国教堂神职人员的研究中首次将日志法引进使命感领域。首先让被试者列举在工作中与自身使命感相关的所有工作活动或任务，要求他们回答此项活动/任务对于自身感知的使命感的重要性程度，接下来将所涉及的活动/任务列举到一个24小时方格表中，每个方格代表1小时，采用记日志形式让被试者每天记录这些活动实际发生的时间和频率，最后通过统计每天每种活动发生的时间和频率，进行汇总。这是一种通过测量与使命感相关工作活动的实施情况进而考察使命感践行效果的间接测量方式。

总体来看，以上两种方法各有优缺点：第一种量表法采用静态的研究方法，将使命践行视为一定时间段相对稳定的构念，采用被测者感知的自陈方式，比较简单、直接，但个体感知的方式较为主观；第二种采用间接测量方式，活动记录过程相对客观。日志研究法作为分析工具能够帮助研究者把握使命践行的连续的动态变化，打破以往研究中时间尺度长的局限。但此种方法操作过程比较烦琐，需要研究者具备较好的数据整理能力，且该工具较适合具有规律性、周期性特征的工作内容或活动，因此限制了其使用范围。

2.2.4 使命践行的影响效果

使命践行作为新兴主题，相关实证分析较为有限，其作用结果主要表现在个体身心健康、情感态度、职场行为等方面。

1. 身心健康

使命能否践行对个体的心理和生理健康等有重要影响。认知评价理论框架将人类的基本心理需要分为自主需要、能力需要和归属需要。使命践行意味着可以从事内心渴望的事情，通过满足心理需要激发动机，带来积极身心状态。

使命践行往往会给个体带来一定程度的内在激励，从而获得乐趣、享受和内在满足，进而影响健康。Conway、Clinton、Stugres 和 Budjanovcnin（2015）利用自我决定理论进一步解释了使命践行对个体健康的积极和消极影响。该研究表明，当个体使命感得以践行时，通过激发内在动机和认同型动机进而正向影响个体的健康状况，而使命践行通过内摄型动机负面影响个体的健康状况，从而验证了使命践行在不同类型动机下对个体心理健康产生不同影响。有研究还指出，心怀使命但无法在工作中践行的人往往经历抑郁、挫败及其他消极情绪（Duffy, Allan, Autin and Bott, 2013; Duffy, Dik, Douglass, England and Velez, 2018; Enrico, Sanne and Mette, 2023）。Kang, Cain 和 Busser（2021）探究了使命践行对心理健康的作用机制及组织层级的调节作用。此外，使命能否践行也会影响生理健康。Gazica 和 Spector（2015）的研究发现，使命未践行的人往往会带来较高的体征问题和心理压力。Clinton、Conway 和 Sturges（2017）的研究表明，使命践行程度会影响个体睡眠质量。也有研究发现工作狂类型的员工会影响使命践行与工作满意度之间的关系，指出使命践行的一个主要负面作用就是成为工作狂的催化剂，对工作劳动的过度投入和透支将影响员工的健康状况（Duffy, Douglass, Autin, England and Dik, 2016）。

2.情感态度

使命践行也会导致个体情感、态度方面的变化。学者们在一系列研究中证实了使命践行与工作满意度、生活满意度这些积极态度密切相关（Duffy and Autin, 2013; Allan Tebbe, Duffy and Autin, 2015; Duffy et al., 2016; Douglass, Duffy and Autin, 2016）。例如，使命得以践行能够帮助个体获得工作意义感，进而提升工作满意度；同时，使命践行通过生活意义感进一步提升了个体对生活的满意度，其中，使命感不同来源起到重要调节作用（Duffy, Allan, Bott and Dik, 2013）。除此之外，一方面，通过对大学教师的样本调查，发现较高程度的使命践行会带来较高水平的工作参与度、工作卷入、职业认同、职业承诺、工作满意度和生活满意度。一项针对印尼职场新生代员工（18—25岁）的研究发现，有计划的人会通过使命成功践行促进人生意义的出现（Yuliawati and Ardyan, 2022），说明了使命践行与这些常见的个体态度变量密切相关（Gazica and Spector, 2015）。另一方面，使命践行所带来的负面影响也需要特别关注。Bunderson和Thompson（2009）以动物园管理员为研究对象，提出即使个体实现了使命践行，但一些人仍会经历工作负荷过重、被雇主过度开发等负面情绪。Yoon、Daley和Curlin（2017）在研究中发现，那些认为从事医学工作是践行使命的内科医生和精神病医生，往往表现出较低的工作倦怠。现有研究也进一步证实了使命践行与倦怠感、工作狂、感知的过度开发、工作家庭不平衡这些变量存在显著正相关关系（Duffy, Douglass, Autin, England and Dik, 2016）。不仅如此，Duffy等学者（2022）进一步通过潜在剖面分析，指出研究中高使命感知但低使命践行感知的群体，往往由于较低的教育成就、家庭收入和社会等级，使得他们缺少机会，更难实现自身使命，从而表现出更低水平的工作满意度。

3. 行为结果

使命践行的程度关系引发一系列个体行为。Berg、Grant 和 Johnson（2010）的研究指出，使命未践行会激发个体实施工作重塑技术（任务强化、工作扩大化和角色再造），进而增加了工作中积极体验的可能性。在工作中没有机会展现和践行使命的个体更倾向于采取闲暇重塑行为，可见个体重塑行为/技术对使命践行过程的重要影响。Li 和 Yang（2018）的研究也表明，能够践行的使命可以通过4种工作重塑方式增强员工的工作参与。另一方面，使命践行水平也会引发一些消极行为——如果拥有使命感的个体无法践行其使命会带来消极体验（Berg, Grant & Johnson，2010）。Duffy 和 Dik（2013）指出，使命无法践行会激发个体产生退出目前职业的想法和行为，Ehrhardt 和 Ensher（2021）的研究也印证了使命无法践行会产生压力相关的缺勤行为。使命践行甚至会对个体在组织中的行为产生更为复杂的影响，有研究揭示了使命践行对组织公民行为正负交织的作用路径（李翊君，黄一鸣，王紫，潘静洲，2021）。

2.2.5 影响效果的解释机制

1. 自我决定理论的解释

自我决定理论是解释使命践行对个体生活和工作结果影响的主要理论机制，阐述了人类有自主、能力和归属基本心理需要。如果外部环境满足了基本心理需要，就会激发内部动机，人们才能体验到持续的整合和幸福感（赵艳梅，张正堂，刘宁，丁明智，2016）。

结合以上理论可以得出，使命践行过程意味着怀有使命感的个体往往听从内心召唤做自己渴望的事情，也让个体通过自己的努力觉得心中信念可以实现，提升了自我效能感，满足自主需求和能力需求。同时，通过将使命践行的积极体验与周围同事分享，有利于找到与自己内心使命相似的志同道合者，有益于关系的满足，通过以上三种需要的满足体验到工作的乐趣、意义感和重要性。探讨使命践行隐含的前提条件是个体对使命的感知。Hall 和 Chandler（2005）的职业使命感模型阐述了通过目标设置的视角研究使命感，也就是说追求使命的过程是一个实现内心目标的过程，所以使命践行过程可以视为内部激励过程，易于产生较高程度的自主动机。Gazica 和 Spector（2015）的研究也指出，被自主动机高度激励的个体会带来较高水平的工作绩效、工作满意度、组织承诺和较低水平的流动意向、工作倦怠和心理压力。

使命践行通过何种作用路径带来不同结果？自我决定理论中的有机整合理论将外在动机的内化区分为4种类型。由于使命践行意味着内部激励，所以外部调节通常不起作用。相关研究也证实了使命践行往往通过内摄激励、认同激励和内部激励的作用进而对结果变量产生正负不同的影响（Clinton, Conway and Sturges, 2017），其中，内在激励和认同激励对积极结果起到正向作用，而内摄激励对积极结果起到负向作用，这在一定程度解释了使命践行的作用机制。除此之外，Gazica 和 Spector（2015）、Zhang and Hirschi（2021）的研究也将使命践行与不同动机类型进行结合，探究其对个体健康、幸福感等方面的影响。

2.资源保存理论的解释

也有学者从资源保存理论角度对使命践行的影响作用进行阐述。资源保存理论指出了4种不同类型的资源（物质资源、条件资源、个体特征资源和能量资源），其中个体资源总量是一定的。结合此理论，具有使命感可以视为非常重要的个人资源（Duffy, Autin, England, Douglass and Gensmer, 2018），个体使命践行的过程往往经历使命追寻和使命践行两个步骤，其中，拥有强烈使命感的个体往往表现出较高程度的韧性、自我效能感等个性特征，代表一种个体特征资源。而使命能够践行可以视为一种条件资源，只有获得机会或途径去践行自己的使命才能带来更积极的结果（Walsh, Burrus, Kabat-Farr, Mcgonagle, Call, McIntire and Shen, 2020）。因此，可以将使命践行过程看作个体特征资源与条件资源的累积，两者共同构成了一支资源车队。资源车队包含不同类型的资源集合，通过共同作用获得一系列积极后果。总体来看，该理论阐释了具备个体特征资源（使命感）和调节资源（使命践行）能够带来有益结果，有助于理解使命践行对结果的影响。但是，对于上述资源通过怎样的作用机理带来相应结果，该过程阐述比较模糊，有待进一步探索。

3. 角色理论的解释

在角色理论中，角色清晰、角色期待、角色冲突等都是十分重要的概念。基于角色理论，人们对工作角色的认知，往往会受到角色期待的影响（周如意，冯兵，熊婵等，2019）。角色理论还指出，角色期待包含了两种含义：一种是自我对所要扮演的角色的期待，另一种是他人对所要扮演角色的期待。依据此逻辑，具有使命感的个体通常对所从事职位具有明确的期望和目标，带有强烈的自身角色期待。同时，这种强烈的使命感也会传递或影响周围的同事或领导，导致他人可能按照角色承担者的使命提出相应期望和要求，从而带来他人的角色期待。在角色期待的影响下，角色承担者希望肩负的角色职责能够与角色期待保持一致，并逐步内化为对该角色的认知。假若个体在工作中无法践行自身使命，他们会认为自身对角色的认知与实际情况存在差异，从而产生心理上的矛盾，导致角色冲突的产生。由此可见，角色理论提供了一个理解角色匹配、角色期待、正式与非正式影响，以及个体认知的重要理论框架，帮助我们阐释人们在社会各领域承担的角色如何对行为活动、认知、健康等产生影响。例如，人们沉浸其中的各种角色会在一定程度上帮助个体提升自我价值，降低沮丧感，并改善个人健康状况。Kang、Cain 和 Busser（2021）从角色理论出发，将使命践行视为追求角色一致性，进而阐释如何通过正式角色和非正式角色的作用对个体心理健康产生影响。

4. 二元工作激情理论的解释机制

根据二元工作激情理论，激情是人们对于自己所热爱、重视的活动的强烈倾向，人们愿意为之投入大量时间和精力，并把这项活动视作自我认同的一个核心身份特征。已有研究发现，使命践行可能通过满足不同类型的自我需求促进动机内化（Vallerand，2010），而动机内化会引起激情的质变，是激情的根本来源。因此，使命践行会带来工作激情（韩雪，厉杰，2018）。一方面，使命得以践行满足胜任、自主等需求，促进动机内化过程，产生和谐式激情（李翊君等，2021），和谐式激情个体往往在参与过程中对工作产生积极评价。另一方面，践行使命的个体从工作中获得正向反馈，从而会更加积极投入工作，过度的投入会带来更多的工作负荷和牺牲(Bunderson and

Thompson，2009)，再加上使命践行的珍贵性和不易性，员工担心已经实践的使命的机会和资源等可能会失去(李翊君等，2021)，这些工作附加会让员工对工作无法自拔，导致受控的内化和强迫式激情的产生(马丽，马可逸，2021)，从而容易引发消极体验。现有研究已表明，和谐式激情更多地产生积极结果，如高工作幸福感、高工作满意度、低工作枯竭、低离职率、工作参与、生理心理健康等，强迫式激情与负面结果有关联，如高工作枯竭、高倦怠、低职业承诺，以及工作与其他领域的冲突等(Slemp et al.，2021)。

基于上述理论，结合当前学术界对使命感及使命践行"双刃剑"话题的兴起，有必要对其影响机制做进一步解析。本书将使命践行可能引发消极影响的原因归纳为：

（1）使命无法顺利践行或践行水平较低。从自我决定理论出发，使命无法践行或程度较低都会降低个体心理需求的满足，遏制内在动机，进而产生负面结果；依据资源保存理论视角，使命无法践行意味着条件资源的缺乏，无法有效整合资源，难以形成资源车队与通道，从而影响结果。

（2）使命得到践行，但践行中产生负面效应。基于二元工作激情视角，使命践行同时产生和谐工作激情和强迫工作激情，从而同时引发积极和消极结果；从工作角色理论视角，心怀使命的个体具有角色期待，使命践行意味着角色一致性，个体通过沉浸在正式、非正式角色中能够获得积极影响，但在角色扮演过程中，角色责任引发角色负荷、冲突等问题，也会导致负面结果；借助自我决定理论视角，使命得以践行满足心理需求，进而产生动机，动机引发工作投入，而过度的工作投入自然会引发消极结果。

（3）使命践行会受到一些情境因素的制约，抑制了使命践行对积极结果的影响。当个体使命感目标与组织整体目标不一致时，个体在践行使命感过程中可能会阻碍重重，面临压力和选择，进而带来情感、资源等消耗，加剧不良后果的产生。但是，该思路现有实证研究未有涉及，有待进一步理论与实证的支撑。

2.2.6 使命践行的影响因素

1.个体相关因素

具有使命感的群体才会关注自己的使命践行问题，因此使命感知是使命践行的关键，个体使命感知程度将会对使命践行产生显著影响。Duffy和Autin（2013）在研究中明确将感知的使命作为使命践行中一个重要的前因变量。现有实证研究也验证了使命存在、使命感知或使命动机会显著影响使命的践行（Hirschi, Keller and Spurk, 2019; Duffy, England, Douglass, Autin and Allan, 2017）。少量研究将使命践行看作使命感与积极结果之间的一个重要边界条件，使命践行可以起到调节作用，Duffy、Bott、Allan、Torrey和Dik（2012）的研究验证了使命践行在感知的使命和工作满意度之间起到显著调节作用。Duffy和England（2013）指出使命践行可以视为使命感知与近端结果之间的调节变量或中介变量。除此之外，有研究也发现具有"人生计划性"（life planning）的年轻人（18—25岁），他们往往会设计可能的行动步骤去适应变化，从而能积极促进个体使命的践行（Yuliawati & Ardyan, 2022）。

2.职业/工作特征因素

（1）工作意义感与职业承诺是使命践行重要的影响因素。工作场所经历是促使员工从感知使命到践行使命的重要诱因（Duffy, Autin, England, Douglass and Gensmer, 2018）。使命感意味着个体视为使命的工作是一种重要的生命意义的来源，当拥有使命的员工感知到目前从事的特定工作或任务是具有意义的，他们会将这份工作与人生整体意义感紧密联系（Duffy, Dik, Douglass, England and Velez, 2018）。使命践行通常作为一种个体感知，随着实现个人抱负的工作体验而不断强化（Duffy, Autin and Douglass, 2016），个体在工作中越是决心长期从事自己的职业并感觉到工作具有意义，越容易感知到目前从事的事情是在践行自己的使命（Duffy, Autin and Douglass, 2016）。由此可见，作为工作场所的积极经历，工作意义感和职业承诺成为重要的影响使命践行的变量。现有研究证实了工作意义感、职业承诺对使命践行的显著预测作用（Duffy, Allan, Autin and Bott, 2013;

Duffy, Autin and Douglass, 2016; Duffy, Douglass, Gensmer, England and Kim, 2019; 倪旭东, 杨露琳, 2021; 王乃弋等, 2022),可见学者们普遍认为工作意义感和职业承诺有助于推动使命的实现。

(2)工作意志感也会影响使命践行。现实中个体往往受到来自社会、家庭等外部因素的制约,导致很多人不是基于个人自由的意愿从事职业/工作,这种被迫的选择导致个体难以实现其内在使命。工作意志感代表一种主观感知的职业机会,是指个体在受到约束条件下做出职业选择的感知能力(Duffy, Bott, Allan, Torrey and Dik, 2012)。对于拥有较强工作意志感的人,在做出职业决策时可能不会受到约束,他们有能力选择最满足自己需要、兴趣及使命感的职业。但是那些工作意志感低的人可能在做出自己想要的职业选择能力上受到很大程度的限制,难以找到与自身兴趣、价值观、使命感匹配的职业,从而影响了使命的践行。Douglass、Duffy和Autin(2016)明确指出使命践行本质上会受到像机会获得便利性、职业选择自由度等诸如此类优先机会因素的制约。现有文献也支持了工作意志感对使命践行的影响假设,Duffy和Autin(2013)证实了工作意志感是帮助感知使命的个体通往使命践行的必经之路,Duffy、England、Douglass、Autin和Allan(2017)指出工作意志感在使命感知与使命践行之间起到调节作用,还有Duffy、Autin和Douglass(2016),以及Duffy、Douglass、Gensmer、England和Kim(2019)的研究也验证了工作意志感对使命践行的显著预测作用。

(3)工作资源能够帮助个体践行使命。一方面,工作资源是帮助个体获取更多工作机会的重要途径;另一方面,工作特征理论提到,工作中的自主性、重要性和社会支持都属于工作资源,这些因素被视为有价值的资源,可以帮助个体实现工作目标,减少工作要求,并促进个体成长和学习。由此说明,工作资源正是能够帮助个体在职场获得意义感的影响因素。现有研究已证实了工作意义感是使命践行的一个重要影响因素(Duffy, Allan and Bott, 2012; Duffy, Autin and Douglass, 2016)。在Hirschi、Keller和Spurk(2018)的研究中,将工作资源分为工作自主性、任务重要性、社会支持3个方面,验证了以上3种资源对推动使命践行的重要影响。

（4）人与环境匹配以及环境因素也会影响使命践行。当员工所处环境能够满足自身需求且契合自身特质时，容易带来更多积极结果。现有研究已经证实，当个体感知到人格特征与职业相互匹配时，就会激发他们积极寻求工作机会（Duffy, Dik, Douglass, England and Velez, 2018）。具有使命的个体会不断寻求与自身使命感相匹配的工作机会，期望在匹配一致的环境中充分展现自身抱负，而匹配的工作机会也会反过来激发员工对意义感和承诺的感知，从而有利于使命践行的体验。Duffy等学者（2015）研究了人与环境匹配的关系，尤其是人—职匹配和人—组织匹配显著预测了工作满意度、工作意义感、离职率等变量。Duffy等学者（2019）也验证了人与环境匹配能够正向影响使命践行。同时，环境因素也会影响使命践行（Duffy and Autin, 2013）。不同环境氛围会对个体使命践行，以及能否带来积极结果具有重要的影响。有研究明确表明，工作场所歧视会限制个体做出职业选择，限制了使命得以践行（Duffy, Bott, Allan, Torrey and Dik, 2012），而社会支持（Hirschi, Keller and Spurk, 2018）等支持性氛围也会对使命践行起到正向预测。王雁等（2022）针对人民警察的质性研究也认为，使命感转化为践行的动力需要良好的团队氛围、恰当的工作回报、个体自我价值得以实现的组织环境作为支持。

3. 社会化环境因素

现有研究也表明存在其他一些不可忽视的社会因素，会对使命践行程度产生影响，包括社会贫穷状况、经济体制、文化差异等。Dik和Duffy（2009）指出社会化因素例如贫穷状况、市场发展水平、经济体制等通过促进或限制个体自由选择与内心使命相一致的职业类型，进而影响抱负的展现（Duffy, Allan, Autin and Bott, 2013）。有研究发现，相较于美国人，印度人更容易感知使命践行(Douglass, Duffy et al., 2016)，可见文化差异在使命感知和使命践行方面可能存在潜移默化的影响。目前，关于社会化因素的考察相对较少，大多基于理论演绎推理，未来也可以从更为宏观的视角去把握其影响因素。

总之，通过梳理研究成果可以看到，使命践行主题已经逐步受到学界关注，并形成了初步的研究成果（刘晨，周文霞，2022），但鉴于该主题研究起步较晚，还未形成系统化、体系化的研究理论框架，尤其是鉴于使命践行前因探讨的匮乏，更需要从前因视角探索使命践行的促进机制。而且，关于使命践行作用机制过程中的理论视角也有待丰富和加强，现有研究主要从自我决定理论、角色理论，以及资源保存理论视角去阐释和分析。作为一个延伸性很强的主题，使命践行可以结合多种学科，从多种视角展开讨论，但是从目前来看，相关理论探索还是不够充分，不利于该主题整体理论框架的构建。

综上所述，对于使命践行的实证拓展与理论挖掘工作势在必行。这既有利于职场中拥有使命感的个体充分实现其使命目标，也有益于组织营造高水平的使命感组织氛围，对于深化和拓展使命践行这一新兴领域的研究具有一定推动作用。

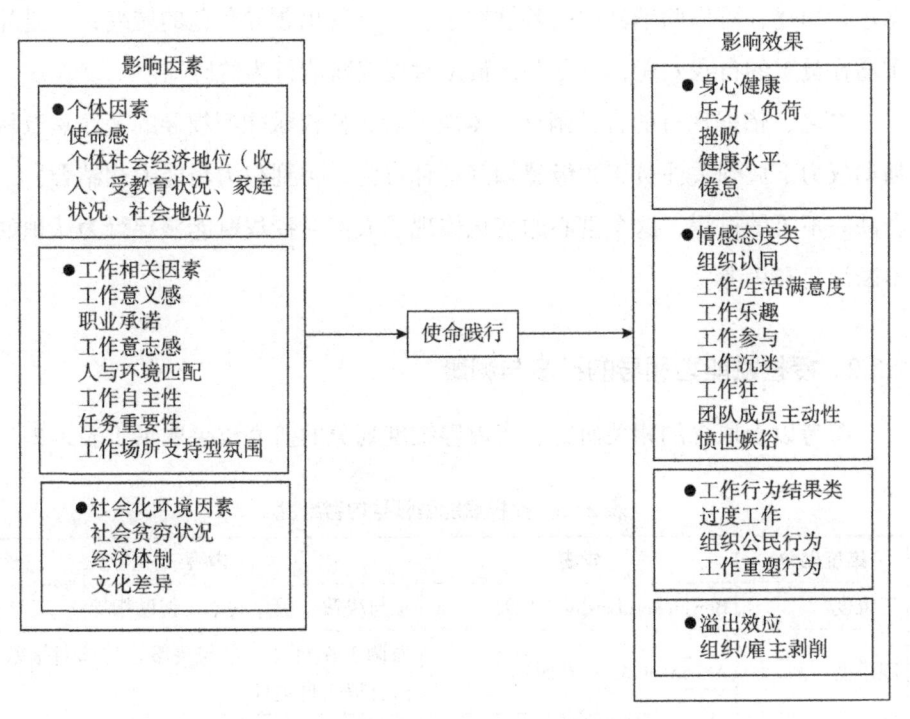

图2-2 使命践行的研究整合框架

2.3 授权赋能型领导的综述

2.3.1 概念界定

在强调自我价值与共赢的时代,员工希望自由得到更多展现和实现自我的机会,而领导也不能完全凭借个人权力影响下属实现组织目标,因此,当前组织管理者需要给下属授权并提供机会。

相比领导授权行为,授权赋能型领导更加关注在授权过程中尊重个体员工的独立性、自主性和创造性,促进个体与组织更好地融合,即"赋能"。研究视角实现了由传统雇佣关系到新兴合作伙伴关系的建立和转变,影响过程实现了由"关注做什么"转向"如何做和效果如何"(丁越兰,苏剑,王静,2020)。学者们尝试从不同视角界定该领导风格和行为,基于不同的概念进行描述,可以归纳其中的共性在于:一是突出领导角色的转变;二是注重增强员工的自我效能;三是关注员工对授权赋能行为的感知。

总之,依据现有的含义阐释,体现了对于授权赋能型领导的关注焦点从强调权力下放到关注员工积极感知到这种行为,再到权力与能力相结合,二者缺一不可的过程,这个重心的变化体现了人们对授权赋能领导行为认识的不断深化和思考。

2.3.2 授权赋能型领导的维度与测量

参考以上概念的相关研究,将内容维度划分的研究成果展示于表2-3。

表2-3 授权赋能型领导内容维度

维度划分	学者	内容
三维度	Bowen and Lawler(1992)	参与决策、信息共享、帮助指导
四维度	Aheam et al.(2005)	强调工作意义、参与决策、传递对绩效信息提供自主权
五维度	Arnold et al.(2000)	以身作则、提供指导、决策参与、信息共享、关系团队互动

续表

维度划分	学者	内容
六维度	Konczak et al.（2000）	权力授予、责任承担、自主决策、技能发展、信息分享、创新绩效指导
六维度	王辉，吴朝艳，张燕（2008）	个人发展支持、过程控制、权力委任、结果和目标控制等
九维度	张燕等（2007）	成就导向、家长式领导、加强控制手段、工作上支持、关心员工、鼓励自主性、参与决策、结果和目标导向等

资料来源：王萍. 授权赋能型领导对员工主动担责行为影响研究[D]. 武汉：中南财经政法大学, 2019.

国外学者更早展开了对授权赋能型领导测量量表的开发，例如Konczak、Stelly 和Trusty（2000）开发的LEBQ量表，以及Arnold、Arad 和 Rhoades 等学者（2000）的ELQ量表。后续我国学者（王辉，武朝燕，张燕，2008）也开发了测量量表。但整体来看，LEBQ量表使用最为广泛。

2.3.3 授权赋能型领导的相关研究

首先，目前授权赋能型领导前因研究还不够充分，在梳理研究结果的基础上，大致将这些前因变量归纳为领导者个体特征、组织情境特征因素两个方面。

领导者个体相关因素主要涉及人格特质（例如自我牺牲精神、宜人性、情绪智力）、个体负担（童俊，王凯，刘梦琴，2018）。有研究发现领导的情绪智力、宜人性等个性特征能够促进领导授权赋能行为（Liu, Wong and Fu, 2012）。组织情境特征涉及上下级关系，良好的上下级关系也有助于实施授权赋能行为（Liping, Onne and Kan, 2011）。

其次，从影响结果来看，授权赋能型领导的相关研究成果相对丰富一些，本书将分别从个体与团队这两个方面进行总结。

在对员工的影响中，授权赋能型领导的影响效果涉及态度、行为和绩效。Konczak、Stelly 和Trusty（2000）证实了授权赋能型领导会影响下属的工作满意度和组织承诺，以及工作投入。在对员工行为影响方面，涉及组织公民行为、建言行为、知识分享行为等行为变量。王秀景（2016）研究了授权赋能领导通过组织信任和情感承诺对员工知识分享行为的影响。学者李梦雅（2015）证实了授权赋能型领导会显著正向影响下属的建言行为。朗艺、王辉（2016）发现授权赋能型领导对员工的组织公民行为起到显著的正向影响。除此之外，还有研究发现授权赋能型领导对员工创新行为也有预测作用（李伟，梅继霞，2018）。总体来看，授权赋能型领导对个体的影响更多关注的是其发挥作用的积极一面。

团队层面展开授权赋能型领导作用效果的探索，其结果主要集中在团队效能和绩效。除了验证团队效能，更多成果聚焦在团队或组织绩效方面。王永丽、邓静怡和任荣伟（2009）的研究，以及 Birdi、Clegg、Patterson、Robinson、Stride、Wall 和 Wood（2008）的研究都证实了授权赋能型领导对于团队或企业绩效的预测。

总体来看，目前学术界意识到授权赋能型领导的重要价值和作用，就发挥作用的机制方面进行了更为充分的探讨，但是大多学者的研究重心更多放在其产生的积极影响，少量研究逐步开始关注授权赋能型领导负面效应存在的可能。Cheong、Spain、Yammarino 和 Yun（2016）发现这种领导风格在增强下属的自我效能感、提高工作成果的同时，可能也会使员工产生对工作的紧张感和压力感等负面情绪。同时，作为与授权领导有所区别的一种新型领导行为，对授权赋能型领导的前因与效果的研究成果仍需拓展，除了进一步探讨前因，也有必要从内在动机角度探讨该领导行为对个体产生的更为深层次影响。

2.4 工作意义感综述

2.4.1 工作意义感的含义

随着职场个体愈发关注精神需求的满足和自我价值的实现，工作意义感这一概念受到更多的关注。目前，关于工作意义感（Meaningful Work）的含义还未形成统一界定,其概念界定经历了从静态到动态的发展过程。第一种界定基于工作特征取向(宋萌,黄忠锦,胡鹤颜等,2018),将意义感视为工作特征;第二种界定基于价值观,将意义感视为对工作的信念(Cartwright and Holemes,2006);第三种界定基于感受/体验取向,体现一种内心状态(宋萌,黄忠锦,胡鹤颜等,2018),这种内心状态反映了个体的主观感知和体验,而感知从动态的视角体现了工作意义感会随着个体内心感受而发生变化。陈佳乐(2016)结合中国情境,尝试将工作意义感界定为"个体对自己从事工作所具有的价值、目的和重要性的主观体验"。本书也较为认同以上概念。

2.4.2 工作意义感的前因研究

工作意义感作为一种个体主观体验,会受到多种因素的影响。通过文献梳理,影响因素大致分为个体因素、工作特征因素和组织情境因素。

(1)个体因素涉及个体心理需求、信念、价值观、个人经历等要素的影响。不少学者的研究证实了使命感对工作意义感的积极预测作用,也有研究得出个体的价值观、动机、信念等特征能够显著影响工作意义感知(Wrzesniewski,Amy et al.,1997;Duffy,Autin,2013)。

(2)在工作特征方面,工作重要性、工作要求、工作重塑都会影响工作意义感的获取(宋萌,黄忠锦,胡鹤颜等,2018)。Allan(2017)通过追踪研究发现任务重要性是工作意义感的重要来源,Tims、Derks和Bakker(2016)的研究也验证了个体的工作重塑能够促进工作意义感的获得。

(3)组织情境因素也是很重要的考察方面。Robertson(2013)的研究指出,工作场所关系(如强弱关系)会影响个体工作意义感的获取。领导作为典型的组织环境,也会对工作意义感产生影响,不少研究者关注到这一点,现有文献涉及了变革型领导(Bailey and Madden,2016)、道德型领导(Wang and Xu,2019)等对工作意义感的积极影响。而且,工作意义感也能起到有效的中介作用,在领导意义建构行为与下属工作使命感之间(张彩虹,谢宝国,2019),以及在领导职业使命感与下属创新性行为之间(曹雨阳,2021),均起到显著的中介作用。类似的,在李超平、田宝和时勘(2006)的研究中也将工作意义感作为领导风格影响机制中的中介变量进行了有效验证。

2.4.3 工作意义感的结果研究

通过现有文献得出，工作意义感可以在个体内在动机、工作态度与行为、工作绩效方面产生影响。工作意义能够增强个体内在动机，并减弱其外在动机，工作意义感还可以促进工作投入（Fairlie，2011），并且积极指向工作满意度和组织承诺。Wrzesniewski等学者（1997）的研究明确指出工作意义感会降低员工缺勤行为。绩效方面，有研究运用实验法验证了工作意义感对个体绩效的预测作用（Kosfeld，Neckermann and Yang，2017）。

总体来看，关于工作意义感的前因与后效的研究成果较为丰富，在实证研究中能够在相关变量之间起到积极的调节或中介作用。大多学者能够从个体和组织层面关注工作意义感的前因，但组织情境因素，尤其是领导行为仍有挖掘的空间。从影响效果来看，工作意义感能够促进个体内在动机，影响工作态度、行为及绩效，但是对于内在动机的激发仍需要更多的实证依据，尤其是基于中国情境的实证验证。

2.5 领导—成员交换关系综述

2.5.1 领导—成员交换关系的概念

领导—成员交换理论（Leader-member Exchange，LMX）从20世纪70年代兴起至今，已经发展成为一个相对较成熟的概念，体现了组织中上下级之间互动关系的质量。随着研究的深入，这一概念也在不断发展和演化。早期阶段基于垂直对偶理论，认为领导者与下属成员处于"点"对"面"的状态（Graen，Ansereau and Minami，1972），由于资源等有限造成上下级交换关系存在差异，因此更多关注圈内人和圈外人在关系互动中的差异。随后，学者开始关注在组织环境中下属如何从圈外人转变为圈内人，从而改变较低质量的互动关系。进而，研究开始关注二者之间高质量的互动关系，即合作伙伴关系（徐璐，2018）。当前，随着团队作业的普遍性，学者又开始从个体层面上升到团队层面，关注团队中领导与不同下属成员的交换关系的差异化，也就是团队与网络化发展阶段（徐璐，2018）。随着领导—成员交换关系含义的不断丰富，很难形成一个统一的界定，本书认同领导—成员交换反映的是一种基于社会关系的交换，是领导者和下属成员双方之间在情感、利益方面的社会交换（黄香香，2020）。

2.5.2 领导—成员交换关系作为调节变量的相关研究

从现有文献来看，关于领导—成员交换关系的前因和结果研究积累了不少文献，目前研究中往往将领导成员关系作为重要的前因变量、中介变量和调节变量进行探索，以前因变量和中介变量探讨居多。结合本书将领导—成员交换视为调节因素去考察，因此接下来主要围绕调节作用的实证研究成果进行简要梳理。

领导—成员交换关系在不同作用机制中能够发挥正负交织的调节作用。一方面，领导—成员交换能够正向调节真实型领导与员工创新行为二者的关系（韩翼，杨百寅，2011）；另一方面，有研究证实了在心理契约破坏与员工建言行为之间，领导—成员交换发挥负向调节作用（曹科岩，李宗波，2016）。在辱虐式管理的影响机制中，领导—成员交换关系也可以发挥调节作用（张亚军等，2015）。同时，领导—成员交换还在领导教练行为与批判反思之间的关系中起到权变影响（屠兴勇，王泽英，张琪，2016），在服务型领导影响员工建言行为的作用机制中（徐璐，2018），以及授权型领导与心理授权感及工作满意度之间（王辉等，2009），都能够发挥边界条件作用。从以上实证结果可以看出，领导—成员交换通常是领导风格发挥作用过程中一个常见的调节因素。

由此可见，随着领导—成员交换关系含义与研究视角的不断拓宽，说明学者们始终保持对该领域研究的热情和关注，因此积累了较为丰富的研究成果。这些成果为本书将领导—成员交换关系作为领导行为影响员工使命践行作用机制的边界条件探讨提供了实证依据。同时，虽然相继有学者对领导—成员交换开展了跨层次的研究，但是基于个体层次的研究仍有继续挖掘的空间。现有实证研究并未涉及领导—成员交换关系在使命践行领域的探索，因此，体现了本书考察领导—成员交换关系在使命践行驱动机制中的调节作用，具有一定的研究价值。

2.6 工作繁荣的相关研究

2.6.1 工作繁荣的概念形成

"繁荣"首次成为组织行为学变量，源于Spreitzer等人在2005年提出"工作繁荣"（Thriving at Work）构念，它是一种持续反映个体变化和发展的主观心理体验（李芷慧，2019）。Spreitzer和Gibson（2012）认为，工作繁荣指个体在工作中不断学习并保持活力的状态，因此包含活力和学习的内容，只有将这两个方面结合起来，才能使个体体验到繁荣。Spreitzer等学者在提出工作繁荣概念的同时，也将其与韧性、蓬勃发展、心流、主观幸福感、自我实现，以及工作投入等相似概念进行区别。澄清概念之间的内容区别，有助于更完整、全面地认知工作繁荣。通过比较，邱阳（2020）发现工作繁荣反映了个体关注自身在工作中的成长与发展，是一种工作场所的积极心理体验。

2.6.2 概念测量

研究者普遍认可工作繁荣在内容维度上主要体现在活力和学习两个方面，因此就该变量实施的测量内容容易形成较为统一的观点。目前认可度较高的是Porath、Spreitzer和Gibson（2012）编制的工作繁荣问卷，该问卷包含了以上两个维度共10个题目，并在实证研究中被广泛运用。

2.6.3 工作繁荣实证研究结果

（1）从现有研究文献看。关于二元工作激情的前因成果不是很丰富，但也可以从常见的划分方式，即个体、团队和组织层面探讨其影响因素。一些研究会将两种激情分开进行独立研究。具体来看：①个体因素涉及感知和行为,包括自尊、自主性、自我认同、可控性感知、个体创业行为等。Mageau、Carpentier和Vallerand(2011)的研究指出,在自尊、自我认同维护的影响下,会促使个体更容易产生强迫激情。Liu、Chen和Yao(2011)认为个体自主性动机能够促进和谐激情的产生。②团队层面领导与员工的交互影响会对激情产生作用。Afsar、Badir和Kiani(2016)在研究中阐述了灵魂型领导风格会激发个体内在动机,员工从事亲环境行为的概率就会提升。③在组织层面,主要关注到自主性支持环境对激情的影响。工作自主性在有的研究中被证实是工作激情的影响因素,能够促进和谐型激情,并且对强迫型激情产生负向影响(Fernet and Lavigne,2014)。

(2)从影响效应看。工作繁荣的影响涉及个体和组织的发展,其中个体结果变量表现在个体健康、态度、行为和行为结果几方面:①工作繁荣会影响对个体的健康状况产生影响,Spreitzer、Porath和Gibson(2012)通过研究发现,工作繁荣与健康水平呈现显著正相关,而与倦怠存在显著负相关关系。②个体态度主要包括员工的工作满意度、组织忠诚度、工作倦怠、离职倾向等,Porath、Spreitzer、Gibson等(2012)的研究结果显示,达到工作繁荣的员工更有可能带来组织忠诚度。③体现在员工组织公民行为、创新行为、双元行为等方面的个体行为往往是工作繁荣引发的行为,Spreitzer和Porath(2013)探讨了工作繁荣指向更多的组织公民行为。④行为结果主要体现在对个体工作绩效的影响上,国内学者吴江秋、黄培伦和严丹(2015)的研究结果证实了工作繁荣正向影响个体工作绩效。还有研究认为,工作繁荣会对员工非工作领域,尤其是工作—家庭生活方面产生关联。

总之,工作繁荣作为被普遍关注的新兴变量,现有较为成熟的理论去阐释其作用过程,但围绕其作用过程所展开的实证调查未能完整回答其实现问题。现有研究中,不少学者往往将其作为解释组织或个体因素作用于工作结果的中介变量,而对组织情境和个体特征等影响工作繁荣的内在机理揭示却不够充分,研究成果未成体系。基于此,对工作繁荣前因变量的研究有待进一步探索和补充,尤其在中国本土情境下的工作繁荣形成机制的实证研究将是非常有必要的。

2.7 工作绩效的综述

2.7.1 工作绩效的内涵

工作绩效关系个体进步和组织发展,始终是企业关注的焦点。本书聚焦员工,着重阐述个体层面的影响因素。工作绩效含义广泛,由此产生了很多界定方式。目前存在以下几种观点:一是强调员工工作的结果;二是强调员工行为;三是在前两种的基础上,认为员工工作绩效是结果和行为的结合。

本书更认同工作绩效是个体行为和结果的共同体现,有助于以更为全面的视角看待绩效问题,借鉴学者对工作绩效的研究和成果,将工作绩效视为一种帮助组织达成目标的行为与产出(尹登博,2020)。

2.7.2 工作绩效内容结构

通过梳理文献,本书将维度及内容呈现于表2-4。

表2-4 工作绩效的维度

维度	学者	内容
二维度	Borman(1993)	任务绩效和关系绩效
三维度	Van Scotteer(1996)	人际促进、工作奉献和任务绩效
	孙健敏(2002)	人际绩效、个体特征绩效和任务绩效
四维度	温志毅(2005)	人际绩效、适应性绩效、努力绩效和任务绩效
	韩冀(2007)	关系绩效、创新绩效、学习绩效和任务绩效
八维度	Campbell(1990)	沟通的熟练性、特定任务的熟练性、非特定任务的熟练性、维持个体的纪律性、团队绩效、监督与领导等

资料来源:尹登博. 员工感知上级信任、心理授权、工作绩效关系研究[D]. 保定:河北大学,2020.

2.7.3 工作绩效实证研究结果

鉴于工作绩效存在不同维度划分,其影响因素也是来自多方面,国内外研究从组织行为学、公共管理等不同视角考察了该变量。目前该主题的影响因素可以归纳为个体因素和组织因素。

早期对工作绩效的研究大多基于个体层面开展，这些工作绩效的个体影响因素体现在个性特质、经验、风险偏好等。朱仁宏和周琦（2021）通过对创业者的调查发现，创业特质中的成就动机、冒险倾向与工作绩效呈现倒U形关系，创业偏好与工作绩效呈现U形关系。杨林波（2013）提出外向型人格特质对关系绩效的预测更明显。

员工产生绩效往往受到领导、企业制度环境的波及，因此从领导行为、组织文化和氛围等方面可以总结归纳影响绩效的组织因素。例如变革型领导风格对工作绩效的预测作用（何立，凌文辁，2010），工作重塑技术（工作设计）有助于提升绩效（王萍，张琦，2017），组织支持感（程春，2019）、企业政策—实践一致性（戴屹，张昊民，俞明传等，2021）、工作嵌入（姚山季，郑新诺，2022）等因素也可以显著影响个体工作绩效。

总体来看，作为结果变量之一的工作绩效，在组织管理领域是相对成熟的概念，本书通过文献简单梳理，后续实证研究铺垫了基础。尽管现有工作绩效的研究比较丰富，作为对个体和组织有重要价值的指标，未来影响因素从个体角度和跨层次角度仍有进一步研究的空间。

2.8 工作激情的研究综述

2.8.1 二元工作激情含义

二元工作激情模型（Dualistic Model of Passion，DMP）是在自我决定理论的基础上构建的，Vallerand、Blanchard、Mageau等学者（2003）认为激情是人们对觉得重要或喜好的自定义行为、目标或人的强烈倾向，并愿付出时间和精力。该理论指出激情具有两种形态，即强迫激情和和谐激情。二者可以用一个标准进行区分，即个体认同内化的方式（蒋昀洁，张绿漪，黄庆等，2017）。该理论基于不同动机驱动划分了两种工作激情，进一步推动了后续工作激情的实证研究。

2.8.2 二元工作激情研究成果

（1）从现有研究文献来看，关于二元工作激情前因的研究成果不是很丰富，但也可以从常见的划分方式，即个体、团队和组织层面探讨其影响因素，并且一些研究会将两种激情分开进行独立研究。

第一，个体因素涉及感知和行为，包括自尊、自主性、自我认同、可控性感知、个体创业行为等。例如Mageau、Carpentier和Vallerand（2011）的研究指出，在自尊、自我认同维护的影响下，会促使个体更容易产生强迫激情。Liu、Chen和Yao（2011）认为，个体自主性动机能够促进和谐激情的产生。

第二，团队层面领导与员工的交互影响会对激情产生作用。Afsar、Badir和Kiani（2016）阐述了灵魂型领导这种领导风格会加强内在激励性，员工从事亲环境行为的概率会提升。

第三，在组织层面，主要关注自主性支持环境对激情的影响。例如，工作自主性在有的研究中被证实是工作激情的影响因素，能够促进和谐型激情，并且对强迫型激情产生负向影响（Fernet and Lavigne，2014）。

（2）与前因相比，工作激情能够带来的影响似乎更被学者们关注，从研究成果来看也显得更为丰富一些，体现在能够引发个体健康、感知、态度、行为及工作—家庭关系等一系列后果。St-Louis、Carbonneau和Vallerand（2016）通过研究发现和谐型激情与满意感、健康状态正相关。和谐型激情与员工的归属感、幸福感有密切关系（St-Louis，Carbonneau and Vallerand，2016），激情也能够积极预测组织认同感（Kong，2016）。

同时，不少学者关注了工作激情与工作绩效的关系，积累了一定的文献基础。学者们大多认同激情会导致更多的创新努力行为，这种行为与行为结果即绩效的关系变得更加显著。宋亚辉（2015）认为两种激情能产生创新绩效，但作用机制存在差异。Patel、Thorgren和Wincent（2015）研究发现两种激情对促进工作创新性及项目绩效有帮助。Astakhova和Porter（2015）的研究强调了在组织匹配和需求能力匹配的条件下,强迫工作激情可以间接促进工作绩效。

由此可见,鉴于二元激情是在激情研究基础上进一步发展的理论模型,目前针对二元工作激情的前因进行考察的文献比较有限,说明其影响因素还有待进行深层次挖掘。二元工作激情对结果影响尤其是绩效的影响,其研究结论没有形成一致,并且工作激情与绩效关系研究大多基于国外文献,因此,针对激情与绩效的关系,尤其是强迫激情与工作绩效之间的中国情境的实证考察,有待进一步丰富。

2.9 任务导向型领导的研究综述

2.9.1 任务导向型领导的界定

早期学者 Stogdill 和 Shartle 基于领导行为研究将领导方式归纳为两种,一是任务导向行为:重在监督员工的工作方法以及目标完成的进度。二是关系导向行为,对满足员工的社会与个人需求更加在意(刘晓志,2020)。在此基础上,国内学者在进行领导行为维度划分研究中,大部分研究以王辉、忻蓉和徐淑英(2006)建构的六维度为主,而这些维度也可以划分为任务导向行为相关和关系导向行为相关两个方面,于是领导行为的二分法得到大部分学者认可。

关于任务导向型领导的含义,不少学者尝试给予界定。例如 Yukl(1998)认为该领导风格为团队成员设置有挑战性的目标,通过资源分配和一定的授权进而完成目标。还有学者认为该领导强调完成组织目标与任务,并清楚告知工作职责以及可以的工作资源(孟宣宇,2013),其行为也可以归纳为设置目标、发号施令和权变奖惩(陈彪,2016)。

本研究更为认同刘晓志(2020)对该领导风格的界定,认为任务导向型领导定义每个下属的角色和工作任务,制定规章制度,设定考核标准以及完成期限,并及时监督以及修正下属的工作表现。

2.9.2 任务导向型领导的测量

关于该领导风格的测量主要有以下几种工具：一是Stogdill（1963）早期开发的任务导向型领导量表，包含单维度6个题项；二是Yukl（1998）开发问卷选用 6 个指标进行测量；三是Northouse（2012）将领导风格分为任务行为和关系行为两个维度，设计了20 个题目的量表；四是国内王辉等学者（2006，2011）基于中国情境开发该领导行为特质的测量工具，包含三个重要维度，共13个题项。鉴于该领导风格实证研究较少，导致各量表运用较有限，总体来看，Stogdill（1963）量表被其他国内学者借鉴并使用的机会较多一些。

2.9.3 任务导向型领导的影响因素

有关任务导向型领导的实证研究很少，通过梳理较为有限的文献，可以看到该领导行为能够对员工态度、行为及组织绩效产生影响。

前因方面，李召敏和赵曙明（2016）的研究证实来自政府的制度支持能够正向影响任务导向领导行为，进而帮助取得绩效结果。影响效果方面，Katherine、Andrew、Jonathan、Ziegert、Beng和Jessica（2011）认为该领导风格有助于指导和协调团队成员工作，利于降低冲突。同时，研究发现这种领导风格对员工的创新结果有促进作用，但也有学者认为该领导风格会导致员工主动性和创造力降低。陈彪（2016）认为，任务导向领导往往将下属视为任务执行者，使得员工缺乏工作自主性，因此抑制了工作投入和创造性发挥。邓显勇（2009）认为任务导向型领导明确了企业和员工的上下级关系，指出了该领导风格与工作绩效的密切关系。类似的，何立和凌文辁（2010）的研究也表明，任务导向型领导会对员工的积极性、绩效等方面都有非常显著的正面影响，刘晓志的（2020）研究也证实了这一点，认为任务导向型领导能够对员工工作绩效产生积极影响。

总之，通过梳理文献可以看出，任务导向型领导概念兴起比较早，但是研究发展比较缓慢，研究成果匮乏。作为通过促进个体和组织层面积极结果的领导风格，现有研究对该领导风格的探讨是不充分的。因此，未来无论是作为前因变量、结果变量还是调节因素,都需要进行进一步的补充和拓展。

2.10 本章小结

　　总之,本章对书稿中所涉及的主要变量,在结合现有研究成果的基础上进行了有所侧重的梳理和总结。总体来看,使命践行作为使命感领域的新主题,学者们已经开始关注到使命践行的重要意义与价值,而对于使命践行的影响因素,已有研究考察了个体使命感、工作特征因素与社会化环境对使命践行的影响,但是领导情境因素对使命践行的影响却未曾涉及。就授权赋能型领导而言,现有研究表明该领导风格能够对个体态度、行为和绩效产生影响,而能否对个体深层次感知和内在动机产生影响,值得进一步挖掘和探究。因此,现有文献成果为授权赋能型领导与使命践行之间的连接提供了初步的研究基础和可能性。同时,从使命践行的影响效果来看,现有研究表明了使命践行能够对个体身心、工作态度、工作行为结果带来一定影响,但是使命践行是如何发挥其影响作用的,其产生作用的内在机理也是不明确的。现有工作激情前因研究比较有限,对于工作激情与工作结果变量探讨不充分,工作绩效和工作繁荣研究领域对个体特征方面的前因探讨仍存在深入挖掘空间,因此,上述研究现状为使命践行连接工作激情进而指向工作结果变量的研究提供了进一步挖掘和深入考察的可能性。

第 3 章
使命感的普遍性调查

3.1 研究目的与样本

作为一个被不断"世俗化"的概念,使命感的普遍性得到扩大,不再是人们以往认知中的所谓"高大上、不可触及"的概念。当前,使命感可以适用于所有人,普通人也能感受到上帝的召唤(Elangonvan, Pinder&McLean, 2010)。赵敏和何云霞(2010)采用Wrezsiewski等(1997)的工具针对我国教师群体的调查显示,50.6%的参与者表达了使命感取向。在另一项研究中,Duffy、Dik和Steger(2011)询问在大学工作的公职人员是否有使命感,研究结果显示,接近50%的人说有。特别是近些年使命感被操作化为一个连续体之后,国外学者对使命感的普遍性进行了更进一步评估,Duffy和Sedlacek(2010)的一项大样本研究(5523名来自不同群组大学生)显示,在具有使命感特征的描述条目中,选择"比较适合我""完全适合我"的参与者分别为30%和14%。一项针对671名在职人员的研究显示,选择上述选项的比例分别为28%和15%(Duffy, Allan, Autin and Bott, 2013)。随着当前人们越来越珍视工作生活中对意义感的追寻以及职业选择过程中的自我选择和自主权,任何人都可能感知到使命感的存在。

据此,鉴于本书的主题聚焦于工作场所员工的"使命践行"(living a calling),而使命践行的研究群体针对的是那些拥有感知到自己拥有职业/工作使命感的人群,所以在开展使命践行的驱动机制与后效研究之前,有必要进行预调查,旨在检验在中国情境下,工作/职业使命感是否是一个凸显构念，在我国社会人群中是否具有一定普遍性，以此为后续使命践行研究做好前期准备和铺垫。

针对以上研究目的，研究者与一家关系密切的管理咨询公司进行合作以咨询项目的形式展开调查，进行数据收集。该公司服务客户为一家总部位于北京的全国性大型商业银行。问卷采用线上发放形式，在统一网络平台上完成填答。共计513名员工完成了调查，其中，有效问卷364份，有效回收率为71%。调查对象中，员工的平均年龄为31.34（SD=7.22），平均组织任期为4.83年（SD=4.27），平均工作年限为9.01（SD=7.22）。其中55.40%为女性员工。大专学历占18.27%，本科学历占71.39%，硕士学历及以上占10.34%。

测量的工具采用了工作使命感的CVQ（Dik, Eldridge, Steger and Duffy, 2012）量表，包含超然召唤（transcendent summons）、目的性工作(purposeful work)和亲社会定向(prosocial orientation)3个维度，每个维度均有4个条目，共计12个条目。此CVQ测量问卷中有一个唯一的反向计分项目——"我并不觉得有种超越自我的力量在引导我从事我现在的工作"（超然召唤）。

3.2 研究结果

在本调查中，样本（364名员工）在条目"我对某种工作有一种使命感"各个反应选项上的反应情况如下：1.4%的员工选择了"完全不符合我"，1.1%选择了"比较不符合我"，12.2%的员工选择了"有点不符合我"，27.2%的员工选择了"有点符合我"，35.5%的员工选择了"比较符合我"，21.5%的被调查者选择了"完全符合我"。为了方便与国外相应研究进行比较，本书将"完全不符合我"和"比较不符合我"均归属于"完全不符合我"。具体结果见图3-1。

由图3-1可以看出，与西方研究发现一致，世俗化之后的工作使命感并

使命感普遍性调查

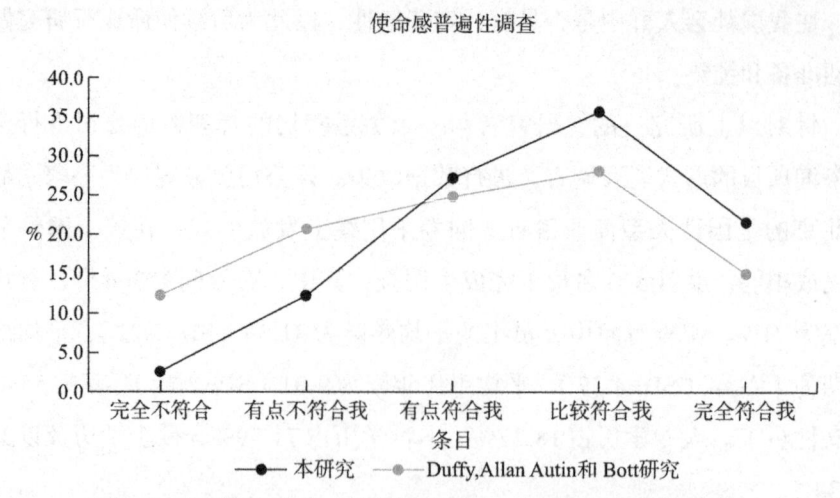

图3-1 研究样本在条目"我对某种工作有一种使命感"上的反应情况

不是一个"阳春白雪，曲高和寡"的现象。如果仅将选择"比较符合我"和"完全符合我"的人界定为有工作使命感（having a calling），那么在Duffy、Allan、Autin和Bott（2010）针对在职人员的已有研究中，共计43%的人报告自己对某种工作有一种使命感。而在本书中，数据显示国内员工比国外员工感知工作使命感的程度略高，即共计57%的中国员工报告自己对某种工作有一种使命感。考虑到使命感测量条目"我对某种工作存在一种使命感"可能存在一定程度的要求特征（demand characteristic），从而夸大工作使命感在本研究群体中的普遍性。为此，对该条目与CVQ（Calling and Vocation Questionnaire）进行相关分析发现，该条目与CVQ存在较强的相关。与外部召唤、目的性工作、亲社会定向、CVQ总分的相关系数分别为0.58（$p < 0.01$）、0.61（$p < 0.01$）、0.53（$p < 0.01$）、0.66（$p < 0.01$）。3个相关系数的Cohen'd值分别为1.42、1.54、1.25、1.78，远超过0.8的统计临界标准。由于CVQ从规范分析角度对使命感进行界定，因此为进一步考察工作使命感的普遍性，本调查对CVQ测量工具所包含的11个正向计分测量条目进行了频数分析（去除了一个反向计分项目）。结果显示，在各项目上选择"比较符合"和"完全符合"的合计频数主要集中在37%~50%。具体情况见表3-1。因此，即使降低了问卷项目的要求特征，工作使命感在本书样本中仍

然具有一定的普遍性。由此反映了使命感在中国情境下是具有一定普遍性的现象与研究问题，进而说明了人们在践行各自使命感的过程中往往会遇到一些困难与挫折。

表3-1 样本群体在CVQ11个测量条目的频数分析　　　　　　　单位：%

条目标号	完全不符合	比较不符合	有点不符合	有点符合	比较符合	完全符合
条目1	2.28	4.57	16.47	32.93	30.89	12.86
条目2	0.96	3.00	12.50	38.22	32.09	13.22
条目3	2.16	4.57	17.07	29.42	26.32	10.46
条目4	0.72	1.32	4.33	37.50	38.82	17.31
条目5	0.36	2.04	10.10	39.06	36.10	12.13
条目6	0.36	1.80	6.25	36.53	37.98	17.07
条目7	036	1.80	6.25	37.50	37.50	16.59
条目8	1.32	2.04	8.77	37.62	35.94	14.30
条目9	0.36	0.72	3.13	32.45	43.03	20.31
条目10	1.08	4.09	15.14	40.02	29.57	10.10
条目11	0.84	2.0	9.01	41.47	33.41	13.22

第 4 章
员工工作使命践行的驱动机制

4.1 研究目的

随着职场员工尤其是新生代员工群体对工作需求呈现多样化，工作对个体内在价值和精神需要的满足变得更为重要，尤其是具有职业/工作使命感的员工，倾向于把职业或工作当作践行自身使命的重要平台或场所，在工作中存在强烈的践行或实现内在使命感的期望和需求。现有大量研究发现，使命感对个体主观幸福、精神健康和组织管理效率有着重要意义（Allan and Duffy, 2013），但是使命感的上述积极影响只有在人们能够践行自身的使命感时才会非常显著（杨会，2021）。由此可以看出，使命践行给个体和组织带来的影响更为直接。既然无论是从个体角度，还是组织角度，使命践行都凸显出重要的价值和意义，那么组织中的员工如何才能践行工作使命呢？这是当前一个具有时代意义并值得深入探究的重要课题。

纵观使命践行的前因研究，可以得出有关前因变量的探讨极为有限。当前研究涉及了个体使命感、社会经济因素与职业/工作相关因素对个体使命践行的影响，但是大多停留在逻辑推理阶段，欠缺足够的实证基础，且以往实证研究大多基于国外情境开展，欠缺结合我国情境的研究和思考。一些研究中明确将使命感作为使命践行的关键前因变量（Duffy and Auttin, 2013; Duffy, Douglass, Autin, England and Dik, 2016; Hirschia, Kellerb and Spurka, 2018）。不难发现，使命感知是个体使命践行的前提，那么，对于员工而言，是否拥有使命感就必然能够在组织中践行其使命呢？如果不是必然，那么作为组织中的个体，组织环境中什么重要因素能够促进个体践行使命呢？鉴于领导在日常工作中与员工的频繁接触，本书尝试从领导这一情境因素入手，深入探究领导行为何以能够促进个体的使命践行。结合当前国内形势，伴随着职场中个体自我意识的凸显以及领导者调动员工积极性的呼吁，管理者们逐渐意识到授权给下属的重要性。领导的授权赋能往往使员工感受到更多的组织资源支持、自我效能感及内在激励。尤其是针对组织中具有使命感的员工，要根据他们的需求和较强的目的性，给予更多的机会和资源，通过授权赋能来帮助他们实现自身的使命。因此，上述问题进一步细化为：组织中的领导者是如何驱动员工践行使命的？在领导行为的影响下，员工又是经历了怎样的心路历程从而带来使命践行的？纵观现有研究成果，无法找到这一关键问题的答案。于是，本书的第一个目的在于聚焦授权赋能型领导，揭示领导行为如何驱动员工实现使命践行，并进一步挖掘其作用过程的内在机理。

同时，组织中的领导风格与行为往往受到诸多因素的影响（如个人因素、员工因素、组织因素等）。就授权赋能型领导来看，领导做出授权等行为是基于对员工的认知和信任，本质上是一种领导与员工之间的互动过程。而这个互动过程包含了领导者与下属员工之间互动关系的质量，互动质量可能进一步影响领导对其下属实施授权等行为的效果，从而增强或减弱个体对使命践行的感知。据此，在领导特征对员工使命践行的作用机制中，上级与下属的关系质量是否是一个重要的权变因素也值得关注和探讨。由此，本书的第二个目的在于进一步考察上下级互动关系质量对员工使命践行发挥影响的重要边界条件。

结合上述两个研究目标，研究一以如何促进组织中的员工践行使命作为根本出发点，将前因研究视角由内而外拓展至组织情境视角，期望构建一个关于领导风格、工作意义感以及使命践行的研究模型，将领导—成员交换关系纳入其中并考察它的调节作用。通过构建领导特征因素驱动个体践行的研究模型，也可以对现有相关使命践行的理论与研究进行有效补充和拓展。

4.2 研究假设

4.2.1 授权赋能型领导对员工工作使命践行的直接影响

关于授权赋能型领导与员工使命践行的关系，可以借助工作场所心理理论（Psychology of Working Theory, PWT）（Duffy, Blustein, Diemer and Autin, 2016）和工作使命感理论（Working as a Calling Theory, WCT）（Duffy, Dik, Douglass, England and Velez, 2018）进行阐释。工作场所心理理论包含若干假设，最初用于研究个体获得体面工作的影响因素与影响结果，理论中尤其关注了经济方面压力和个体边缘化经历对个体进行职业和工作选择所产生的限制作用，进而从体面工作延伸到获得具有普遍意义的工作和工作成就感体验中。该理论认为，现实中很多人难以获得体面工作或获得成就体验的原因在于，个体缺少足够的获得资源机会的途径（例如社会支持、良好教育等），工作意志感和职业适应力是影响个体获得体面工作或积极工作经历的两个前因。该理论进一步提出，工作作为人们生活的重要组成及精神健康的重要影响因素，工作本质上能够提供人们生存、关系和自我决定三种需求的满足方式，个体生存的需求可能较容易满足，但是对于较高层次的社会关系和自我决定需求而言，个体在满足这些需求时往往会面临更多的阻碍和困难，这些限制因素往往会制约个体追求期望的工作并阻碍了对工作中意义感和满足感的体验。由此可以看出，PWT理论从机会获得角度出发，认为追求和从事期望的职业路径的前提是具备机会去选择（Duffy, England, Douglass, Autin and Allan, 2017）。

在PWT理论基础上，Duffy、Dik、Douglass、England和Velez（2018）构建了工作使命感理论（WCT），该理论将使命践行作为核心主题，认为践行使命的个体才能获得更多积极体验，从而构建了从使命感到使命践行再到工作结果的使命践行研究模型。依循PWT理论的核心思想，WCT理论认为，即使个体感知到强烈使命感，是否有能力去践行自己的使命也很关键，工作使命感能否得到践行取决于个体所处的工作和生活环境。该理论进一步指出，"使命感知"和"机会的获得"是促进个体践行使命的两个关键前因，它们会影响职场中的个体对使命践行的体验与感知。该理论不仅详细阐述了使命感知可以通过工作意义感促进使命践行，还详细阐述了机会获得也可以通过工作意义感进而影响使命践行。工作使命感理论的框架见图4-1。

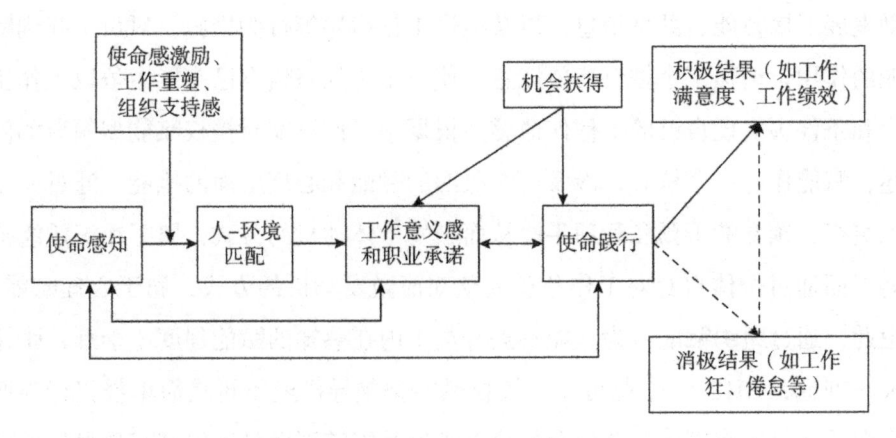

图4-1 工作使命感理论框架

依据上述理论，"机会的获得"既包含个体选择期望职业的机会和自由度，也包括进入工作场所对从事工作活动进行选择的机会。也就是说，组织提供的机会和支持氛围在帮助个体感知使命践行的过程中起到关键作用，是非常重要的诱发因素。并且，从社会认知视角出发，环境因素、行为、人三者交互作用，行为不仅受到人的需要支配，同时也受环境的现实条件制约。员工践行使命的行为是员工和环境交互作用的产物，而这种交互只有被员工认识和感知到，才能作用于员工，因此员工感知到来自组织的支持型氛围很重要。组织往往提供的是整体环境，在组织情境中，领导尤其是直接主管与个体接触最多，领导提供的是对下属的支持以及工作空间，即领导对下属的自主支持，他们的行为往往更容易被员工所感知和关注。在众多领导行为中，最能体现机会和自主性的领导行为无疑就是授权赋能型领导。授权赋能型领导是应对不确定环境而催生出的新型领导行为（丁越兰，苏剑，王静，2020）。相对于传统领导授权，授权赋能型领导研究更加关注的是从授权赋能角度研究领导行为，其概念本身包含授权和赋能两层含义，领导行为不仅包括对下属权力的授予和下放，还包括正式的组织管理实践和通过信息提高下属自我效能感的过程（李虹，张龙天，刘逸，2018）。一方面，通过授予权力，让员工自主决策、主动承担责任等一系列管理措施，让员工获得更多的工作自主性和机会去践行自己内心肩负的工作使命感。另一方面，通过帮助发展下属技能、共享信息，以及提供工作指导等行为措施，对员工起到赋能的作用，增强了个体自我效能感，使员工更加坚信自己有能力争取工作机会和条件去实现自己的工作使命感。根据学者们早期对授权赋能型领导的阐述，赋能作为一个核心，涉及组织层面的赋能和心理层面的赋能。通过一系列组织、领导的干预和管理手段从而激发个体动机的方式，属于组织赋能范畴；而通过个体自身对工作角色的感知而激发动机的方式，属于心理赋能。由此，通过组织赋能行为，能够提升员工内在感知的赋能程度（李虹，张龙天，刘逸，2018）。由此可见，授权赋能型领导已经不再是简单授权行为所指向的让员工有更多机会，而是蕴含了使其能够帮助员工提高实现目标的信念与能力。现有研究也表明，在高水平授权赋能领导影响下，员工感觉有工作的自由度和完成工作的信念，积极的效能感使得员工更愿意发挥能力（李梦雅，2015），因此，工作中自主性的获得和效能感的提升，都有助于促进员工使命的践行。综上，可以预期授权赋能型领导能够对员工的使命践行带来显著的正面效应。

由此，本研究提出假设：

H1：授权赋能型领导对员工工作使命践行具有显著正向影响。

4.2.2 工作意义感的中介作用

WCT理论（Duffy, Dik, Douglass, England and Velez, 2018）还指出了工作场所积极体验是促使有使命感的个体践行使命的关键因素，其中，对工作意义的感知就是一种积极体验，该理论进一步指出工作意义感在个体感知使命与使命践行之间起到桥梁作用。有使命感的个体往往将工作场所视为其表达意义感和目的感的重要舞台，而对于工作意义的感知和认可，更容易激发个体当前的使命践行感知。由此可见，工作意义感是影响使命践行感知的非常直接的变量,而授权赋能型领导与工作意义感获得又存在密切关联,据此,本书从工作意义感知的路径出发,去解释其发挥的中介效应。

当前员工工作的目的不再仅仅关注外在报酬或客观成功,还愈发关注工作内在的意义和价值。随着工作意义感重要性的凸显,学者们开始关注如何才能促进意义的感知,领导作为重要组织环境因素成为探讨的一个重要前因(宋萌,黄忠锦,胡鹤颜,綦萌,2018)。意义感的相关研究也指出,意义感主要有两种来源,无论哪一种获取来源方式,环境中缺少机遇和资源都会阻碍意义感的获得(Rautenbach and Rothmann,2017),而授权赋能型领导恰好能够提供上述所需的机会或资源。工作意义感被视为一种主观体验,可以受到外界因素不同程度的影响,而社会信息加工理论强调了每个人往往根据所处的情境获取信息并加工信息,最终对个体的感知、行为等产生影响。因此,员工在收集工作信息时,可能会受到上级领导这一重要情境因素的影响,并影响到信息处理,进而对工作本身引发不同的感知和判断。例如史烽、安迪、蔡翔(2018)的研究指出了领导特征类型及行为方式等都可以作为信息源。由此,授权赋能型领导通过授权行为给予员工自主性和决策权,让员工感知到自主氛围,而工作自主性是员工获取工作意义感的重要来源(Deci and Ryan,2000),工作自主性通过提供机会和重塑一个人的工作,使个体与工作更好地匹配并获得意义感(Hirschi,Keller and Spurk,2018)。

同时,领导的授权行为是有制度约束的,往往不会随意进行授权,因此,被授权的员工会因为机会难得而倍加珍惜。而且,领导通过授权将充分信任的积极感知传递给下属员工,让员工认为自己是被关注并值得信任和期待的人,员工往往会觉得自己与其他员工不一样,存在隐性的优越感。当员工意识到自己对领导、对组织的重要性和价值时,就会更容易体会到工作的意义和价值。该类型领导行为方式不仅包含授权,还涉及赋能,为员工技能发展、知识学习、困难的解决等提供帮助和支持,营造一种支持氛围。也就是说,领导让下属获取到了来自上级对其重视和投资的信号,更能让员工体会到工作的重要性,而该要素又是工作意义感的关键影响因素(白静,王梦蕾,2020;宋萌,黄忠锦,胡鹤颜,綦萌,2018)。另外,领导鼓励员工的积极发展与个人提升，给予员工展现机会和发展空间，实际上让员工形成归属感。已有研究表明，有了归属感的员工更容易感知到工作意义感。而且，自主决策权的释放，能让员工体会到自我担责、自我管理和控制的重要性，明确工作角色的内容和职责，以便更好地理解工作本身所具有的意义。以此来看，领导授权赋能行为能够为员工提供条件和信息去体会工作中的意义和价值，增强对工作意义的感知。

根据WCT理论，使命践行的感知源于工作有意义感和职业承诺的获得感，拥有工作使命感的员工通常会把从事的工作或职业视为获取人生意义感的重要来源（刘晨，周文霞，2022）。当具有使命感的个体体验到当前从事的工作是具有意义和价值的，就会增强对工作意义的感知，从而进一步激发使命践行行为，以及对使命践行的感知。另外，工作意义中的任务意义认为，如果个体觉得自己从事的工作能够有益于外界，就会在内心中激发强烈的信念感，这与使命感追寻目的和意义的本质不谋而合，能令个体更加坚信工作就是自己的使命（杨会，2021），从而产生更大的动力去践行自身使命，实现使命践行的感知。现有一些研究证实了工作意义感是影响个体使命践行的一个重要因素（Duffy, Bott, Allan & Torrey, 2012; Duffy, Allan, Autin and Bott, 2013）。虽然个别研究发现使命践行也可以预测工作意义的感知（Allan, Tebbe, Duffy and Autin, 2015），但后续Duffy、Allan、Autin和Douglass（2014）通过3个时间点的纵向研究进一步揭示了二者的关系：虽然使命践行与工作意义感可能会相互影响，但工作意义感作为前因的预测作用更强。

综合来看，管理者通过种种授权赋能行为，让员工获得自主性和赋能的感知，为员工提供了有利的工作环境，使得员工有机会且有信心选择自己想要承担的有意义的工作活动，借此增强了对工作价值和意义感的理解，既加深了对工作意义感的体验，进而激发了员工努力践行自身使命的行为，并最终促进了对使命践行的强烈感知。

为此，进一步提出假设：

H2：工作意义感在授权赋能型领导与员工使命践行之间起到中介作用

4.2.3 领导-成员交换关系作为调节

依据前文构建的研究模型，"授权赋能型领导—工作场所意义感知—使命践行"的主体分别是领导、员工，体现了领导和员工之间的互动过程。由于上级与下属之间的互动关系可能对下属的辐射作用比较明显（潘亮，杨东涛，2020），因此，领导—成员交换会对上述关系产生影响。

领导—成员交换作为衡量上下级关系质量的重要指标，一直是领导力研究领域关注的话题。领导—成员交换起始于员工进入组织并与组织建立契约关系，由于资源、条件、精力等有限，领导并不是无差异化地对待所有员工，领导会在社会交换的基础上，倾向于将员工划分为"圈内人"和"圈外人"（徐璐，2018），从而产生了不同水平的互动。具体来看，不同特征的领导和员工，造成领导成员交换水平的高低不同，不仅员工可以被领导划分为不同关系圈，员工对待上级也有差异化反应。外倾性、宜人性往往与高质量的LMX密切相关（徐璐，2018），但是那些不具备上述特质的员工，不愿主动融入上级的圈子，可能就被化为"圈外人"。当员工能够进入领导的圈子时，利于建立高质量的上下级关系，员工从而能够获得更多的资源、机会和情感支持。在背景文化影响下，一些组织内会更加注重差序格局和关系文化，再加上受权力距离的影响，"圈内人"和"圈外人"在组织中的界限更加分明。LMX对组织与员工之间的社会交换具有调节作用（吴继红，陈维政，2010；徐璐，2018），领导往往被等同于组织的化身，因此，领导成员关系在领导与员工的社会互动中也具有调节作用。

同时，领导授权这种行为实际上意味着员工和个体双方之间的互动过程。既然是互动，那么授权质量就会受到个体特征，例如性格特质、行为方式，以及更为重要的双方关系与情境的影响。其互动结果涉及领导和员工之间的交换过程，上下级之间的交往互动不仅涉及有形的物质和资源，在长期稳定的关系中，还会发展出更多的非物质交换，例如情感交流、信任、认同，以及构建更为积极的心理契约，从而能够影响领导行为所发挥的作用领域。由此，本书认为，领导成员之间高质量的互动关系会对领导授权赋能行为的效用产生权变影响。

（1）授权行为在某种程度上对领导也意味着潜在风险，相较于低LMX的员工，高LMX的员工可能接受到更高程度的来自上级领导的授权和赋能，因此领导认为对于圈内人会降低授权赋能的风险和管理危机。同时，领导成员交换水平较高的员工，由于与上级保持较高质量的互动关系，因此容易得到上级提供的更多机会和授权（Zhang et al., 2022；徐璐，2018）。与其对应，圈外员工获取的各种资源有限，双方差距由此产生（徐璐，2018），造成"圈内人"与"圈外人"工作环境的差异，而资源、机会获取的差异会直接影响个体从事自己认为有意义的工作活动，从而对工作意义感获取，甚至是自我使命践行产生重要影响。

（2）那些感知到高水平的LMX的员工，如果在职场通过与其他同事比较，愈发感知到上下级之间的优越关系，同时感受到领导的重视和认可，从而更加信任领导。这些都会在一定程度上增强员工与领导的信任感和对团队或组织的归属感，而归属感是工作意义感的重要源泉。另外，由于领导在部门或组织中的特殊地位，具有较高LMX的员工会将授权赋能型领导的支持转化为对团队和组织的支持，从而感受到更多的组织支持和自由，也有利于激发内在归属感。相对应的，对于较低LMX的员工，会将获取资源等方面的差异视为领导区别对待员工的体现，可能会认为自己并不受领导重视，将自己划为领导的"圈外人"，从而减弱了对领导授权赋能行为的感知，进一步降低了工作意义获取和使命践行的感知。

（3）当上级与下级存在高质量的交换关系时，该员工在企业中的影响力或相对地位会明显提高（徐本华，邓传军，武恒岳，2021），员工可能拥有更多的特权，更利于他们进一步获得更多的价值信息和外部支持（徐本华，邓传军，武恒岳，2021），并且具备更多的机会和自信去从事有意义的工作。

（4）由于关系质量不同，领导对待高LMX的员工在态度或行为方面往往更具有包容性，营造一个具有舒适感和安全感的工作环境，这种安全的工作环境、组织支持和较大的自由程度，带给员工更加积极的心理体验，于是，高LMX的员工更有可能为了自身的使命感而目标充分地利用授权赋能机会进行各种探索、意义建构行为、践行使命行为等，因为他们认为即使自己的行为带来风险或犯错，鉴于员工与上级保持高质量的互动关系，通常也不用承担太大的损失和不利后果，由此高水平LMX会强化员工被授权赋能后对工作意义感的探索，从而进一步增强使命践行。

目前可以在一些实证中找到论据。杨英、龙立荣、周丽芳（2010）在研究中指出，管理者的授权风险认知受到与下属的关系质量影响，相较于关系质量低的情况，通常关系质量较高意味着授权感知风险小，从而带来更高程度的授权行为。李绍龙、孙芳和朱思（2018）的实证调查得出，授权型领导受追随者的领导—部属关系、主动性和能力的显著影响。再比较上述因素的影响效力，发现追随者的领导—部属关系对于领导授权赋能起到最为重要的影响作用，主动性次之，而能力相比而言影响较弱。该研究有力地说明了领导—成员交换质量在员工感知领导行为中起到的重要调和作用。

综上，本书预期领导—成员交换关系在领导行为—意义感知—使命践行过程中起到调节作用，进而提出以下假设：

H3：领导—成员交换关系对授权赋能型领导在影响员工使命践行的关系中具有正向调节作用

H4：领导—成员交换关系正向调节了授权赋能型领导与使命践行之间经由工作意义感的中介作用

4.3 研究方法

4.3.1 研究样本及程序

由于本书关注的是组织中员工工作使命践行的驱动机制，研究者试图对不同性质组织内部员工进行调研以保证抽样的科学性，并提高研究的外部效度。同时，为获得较高质量的数据，该部分研究首先借助个人社会网络资源，联系并接触到分布于北京、济南和宜昌的4家大型国有企业和1家集团总部在北京的私营企业，这些企业涉及保险、能源、食品、互联网等行业。

研究者起初与企业的高层管理者取得联系，通过电话简要沟通了调查基本情况，在企业高层管理者的同意和支持下，与上述5家企业的人力资源部门的负责人进行沟通交流，初步确定了参与调研的员工名单（经事先沟通确定参与调研对象符合工作年限超过1年），5家企业共邀请了1378名员工参与本次调查。所有问卷均采用纸质版与电子版问卷相结合的形式发放。针对北京的企业，研究者按照约定到达企业现场，通过面对面形式介绍研究目的和填写事宜，全程参与了问卷发放过程。针对外地企业，采用电子版问卷，通过word版加密文件以邮件形式发送给企业联系人，邮件中对研究目的等进行了简要的说明，企业联系人再以邮件的形式发送到被试员工的邮箱，最后被试完成后发送到指定的回收邮箱。研究一采用三阶段的调研方法，第一次调研收集了员工基本信息与自变量（授权赋能型领导）；第二次调研主要收集调节变量（领导—成员交换关系）和中介变量（工作意义感），此外控制变量（工作使命感）也放到第二阶段，避免在下一阶段测量时对结果变量产生干扰；第三次调研收集了结果变量（使命践行），三次调研的时间间隔均是2周，3个时间点的数据收集可以增强研究变量之间因果关系的推论（谢宝国，2015）。另外，为了提高被试员工的填写积极性并提升问卷数据质量，研究一特意准备了一些精美小礼品（办公用品、U盘、鼠标垫、手机壳等），激励被试员工能够更加认真对待填写过程。

数据收集从2020年10月持续到2021年1月，通过多时点调研，共发放问卷1378份，回收问卷1295份，有效问卷为579份，有效问卷回收率为46%。无效问卷的剔除标准为：①填答信息不全，重要信息缺失导致无法进行后续追踪；②对于进行规律性反应或答案大多是不确定的问卷进行删除。通过这两条标准删除无效样本124份。需要特别说明的是，除了上述标准，本研究还存在一条非常重要的筛选指标。由于使命践行的隐含前提是员工具有使命感，如果员工不具备使命感，使命践行就无从谈起。因此参照Duffy、Allan和Bott（2012）开发使命践行量表的建议，使命践行测量中最后一个测量条目为"不适用——我没有使命感"，借此筛选具有工作使命感的员工群体，通过此条目初步剔除了592个样本。也就是说，最后保留的579份有效样本，包含了一个具有工作或职业使命感的员工群体。尽管通过一个测量条目直接筛选没有工作使命感的群体会导致有效问卷回收率整体偏低，但是目前国外学者在针对使命践行的相关实证研究中均运用了上述筛选方式（Duffy, Allan, Autin and Bott, 2013），由此说明上述方法具有可操作性和合理性。

见表4-1，通过579份样本进行描述性统计分析，数据显示，性别方面，男性占50.9%，女性占49.1%，样本性别分布比较合适；受教育程度方面，大部分被试员工（50.8%）受过硕士及以上教育，其次，本科学历占26.9%；年龄方面，以31~40岁群体最多，占比42.0%，其次是41岁及以上群体，占比32.3%，30岁以下员工比较少，仅占25.7%；婚姻状况方面，67.5%的员工群体为已婚；工作年限方面，57.5%的被试者平均工作年限在6~10年；与现任上级共事时间平均为5.86年；职级方面，以普通员工（38.5%）和基层管理者（33%）居多。

表4-1 研究一被试员工基本信息统计

变量	类别	数量	比例
性别	男	295	50.9
	女	284	49.1
受教育程度	大专以下	31	5.4
	大专	98	16.9
	本科	156	26.9
	硕士及以上	294	50.8
年龄	18~25岁	46	7.9
	26~30岁	103	17.8
	31~40岁	243	42.0
	41岁及以上	187	32.3
婚姻状况	未婚	165	28.5
	已婚	391	67.5
	离异	23	4.0

续表

变量	类别	数量	比例
工作年限	1~2年	37	6.4
	3~5年	122	21.1
	6~10年	333	57.5
	10年以上	87	15.0
职级	普通员工	223	38.5
	基层管理者	191	33
	中层管理者	104	18
	高层管理者	61	10.5

注：N=579。

4.3.2 研究工具

本书所采用的各变量相关的量表均选取自国内外知名期刊上发表的文章。为进一步确保量表的可靠性，针对部分已经建立的英文量表进行标准回译，通过这种方式可以增加量表语句描述，能够更加真实地反映条目原有本意。

1. 领导授权赋能行为量表

采用 Konczak、Stelly 和 Trusty（2000）开发的六维度的授权赋能领导测量。量表中的典型题项分别为"我的上级给予我充足的权力，以改进工作流程和程序"。该问卷采用 Likert 七分量表，要求被试者根据自身的实际情况填写，"1"表示完全不符合，"7"表示完全符合。目前，这套量表被国内学者在研究中广泛使用（李梦雅，2015，童俊，王凯，刘梦琴，2018），其信效度得到良好的验证。

2. 使命实践量表

采用 Duffy、Allan 和 Bott（2012）开发的 LCS（Living a Calling Scale）的单维度包含6个条目的量表进行测量，该量表从个体感知的角度测量使命践行的状态，研究表明感知到的使命践行要比客观测量的践行行为对个体的意义和价值更大（Duffy，Allan，Bott and Dik，2013）。LCS典型测量条目如

"我经常有机会去实践我的使命感""我目前在一个与我的使命感一致的岗位中工作"等。在6个基本条目基础上，还增加一个额外选项："不适用——我没有使命感"。Douglass、Duffy和Autin（2016），以及Duffy、England、Douglass、Autin和Allan（2017）的实证研究相继证实了该量表的信度和效度。该问卷采用7分打分标准，要求被试者根据自身的实际情况填写，"1"表示完全不同意，"7"表示完全同意。

3. 工作意义感量表

中介变量工作意义感的测量方式目前不统一。在研究一中，采用的是国内学者李超平、李晓轩、时勘和陈雪峰（2006）开发的心理授权量表中的工作意义维度进行测量，该量表能够反映基于中国情境下的企业员工对于工作意义的感知。工作意义是一个单维度包含3个条目的量表，该量表比较简短、有效，目前在国内较多研究中使用。工作意义量表的典型测量题项如"工作上所做的事情对我个人来说非常有意义""我的工作对我来说非常重要"等。该问卷采用Likert七分量表，要求被试者根据工作中的实际感受填写，"1"表示完全不符合，"7"表示完全符合。

4. 领导—成员交换关系量表

本研究的调节变量领导—成员交换关系采用的是国外学者Wang和Chen（2005）开发的领导—成员交换关系（LMX）量表测量，该量表是一个单维度包含7个条目的量表，目前在国内较多研究中使用。LMX量表的典型测量题项有"我觉得我的主管对我工作上的问题及需要非常了解""我的主管会牺牲自己的利益来帮助我摆脱工作上的困难""我和我的主管的工作关系很好"等。该问卷采用Likert七分量表，要求被试者根据工作中与上级关系的实际感受填写，"1"表示完全不符合，"7"表示完全符合。目前该量表在实证研究中具有较好的信度和效度（赵可汗，贾定良，蔡亚华，王秀月，李珏兴，2014）。

5. 控制变量

相关研究表明一些人口统计学变量会影响使命感知和使命践行，因此，本研究中将性别、婚姻状况、受教育程度、与现有上级共事时间等常见个体背景信息作为控制变量纳入假设检验之中。

除此之外，使命感也是本书需要控制的变量。鉴于使命感是影响使命践行的一个重要前提，为了更精确考察领导行为对使命践行的预测作用，有必要将使命感作为控制变量纳入问卷调查中，以便尽可能排除使命感在领导行为对使命践行影响机制中形成的干扰。使命感测量工具借鉴Dik、Eldridge、Steger和Duffy（2012）开发的CVQ（Calling and Vocation Questionnaire）量表，共12个题项。该量表被大量学者用来测量个体使命感（Duffy, Bott, Allan and Torrey, 2012; Hirschia, Kellerb and Spurka, 2018; Duffy, Douglass, Gensmer, England and Kim, 2019），具有较好的信效度。典型测量条目有"我对某种工作/职业有一种使命感"等。该问卷采用Likert七分量表，在本书中的内部一致性系数为0.97。

4.3.3 数据处理方法

本研究的数据分析工具主要包括SPSS和AMOS：

（1）操作SPSS进行探索性因子分析，以实现Harman单因素分析，用于检验在本研究中是否存在较大的同源偏差问题。

（2）操作AMOS对研究中包含的变量进行验证性因素分析，以此检验变量之间是否具有良好的区分效度。并且，通过SPSS验证问卷的信度。

（3）运用SPSS回归分析，检验研究中涉及的主效应、中介效应及调节效应，并在此基础上使用SPSS加载的Process完成Bootstrapping的检验，从而进一步精确分析中介效应及被调节的中介效应。

4.3.4 量表的信度分析

主要采用Cronbach's α 系数对研究一的主要核心变量测量的内部一致性进行检验。按照标准，只要所用测量量表的 α 系数大于临界值0.70就说明该量表的内部一致性良好。参照表4-2可以看出，授权赋能型领导、工作意义感、领导成员交换关系还有使命践行的Cronbach's α 系数分别为0.98，0.94，0.96，0.97，均显著大于0.7，这表明量表具有较高的信度，为后续分析数据提供基础。

表 4-2　核心变量测量量表的信度检验分析

变量	题项	Cronbach's α
授权赋能型领导	17	0.98
工作意义感	3	0.94
领导—成员交换关系	7	0.96
使命践行	7	0.97

4.4　研究结果

4.4.1　共同方法偏差检验

共同方法偏差的控制策略主要分为事前控制和事后检验。在事前控制方面，本书采用标准回译法对问卷内容进行了严格审查。同时，三阶段的调研方式在一定程度上能够降低同源误差，但是由于研究一采用问卷调查法测量各个研究变量（研究一旨在探索员工使命践行的驱动机制，并且测量授权赋能型领导、工作意义感及领导成员交换关系情况，上述变量重在测量员工自我的感知，这种个体主观感知对于自我心理构念的影响更具有意义，所以未使用他评和自评相结合的方式扩大数据来源）均采用个体自评形式，可能仍存在共同方法偏差。因此，在事后检验上，需要通过 Harman 单因素检验方法，以此检验样本数据的同源偏差。将4个主要变量一同进行探索性因子分析，结果未经旋转的探索性因子分析析出的第一个因子解释量为38.13%，低于40%，也就说明数据尚未析出一个具有足够统计学意义的共同方法因子，因此，本书数据没有严重的同源偏差问题，对后续的分析结果不会产生实质的影响。

4.4.2　验证性因素分析

研究一包含四个变量，采用验证性因素分析，检验各个核心变量之间的区分效度。按照相关统计学标准，其取值范围为：χ^2/df 小于3，RMSEA 小于0.08，CFI大于0.9，TLI大于0.9，SRMR小于0.08。由表4-3可知，研究对比分析了建构的5个因子模型，结果表明，与其他嵌套模型相比，四因素模型的各项拟合指标达到上述标准（χ^2=450.37，df=159，RMSEA=0.07，SRMR=0.05，CFI=0.92，TLI=0.91），而且四因素模型的拟合指标明显优于其他竞争模型。这说明本书中的核心变量具有良好的区分效度。同时，单因素模型可以看出所有指标合并为一个因子的拟合效果很不好，这就证实单一因子无法解释所有变量的情况，为接下来数据之间的回归分析奠定了良好的基础。

表4-3 验证性因素分析结果

模型	χ^2/df	RMSEA	SRMR	CFI	TLI
四因素模型	2.95	0.07	0.05	0.92	0.91
三因素模型1	5.74	0.10	0.09	0.84	0.83
三因素模型2	5.24	0.10	0.09	0.81	0.82
两因素模型1	8.07	0.17	0.10	0.71	0.69
两因素模型2	9.14	0.18	0.08	0.70	0.67
单因素模型	11.37	0.16	0.20	0.43	0.40

注：N=579。LMX为领导—成员交换关系。四因素模型为授权赋能型领导，工作意义感，LMX，使命践行；三因素模型1为授权赋能型领导+LMX，工作意义感，使命践行；三因素模型2为授权赋能型领导，LMX+工作意义感，使命践行；两因素模型1为授权赋能型行为＋LMX+工作意义感，使命践行；两因素模型2为授权赋能型领导＋LMX，工作意义感＋使命践行；单因素模型为授权赋能型领导+LMX+工作意义感＋使命践行。

4.4.3 描述性统计结果和相关矩阵

表4-4对本书所涉及的自变量、中介变量、因变量、调节变量，以及控制变量的均值、标准差和变量之间的相关系数进行分析。结果表明，授权赋能型领导与工作意义感（r=0.55，p<0.01）、领导—成员交换关系（r=0.59，p<0.01），以及使命践行（r=0.57，p<0.01）均呈显著正相关，工作意义感与

表4-4 均值、标准差和相关系数

变量	M	SD	1	2	3	4	5	6	7	8	9	10	11
①性别	1.53	0.50	1	—	—	—	—	—	—	—	—	—	—
②受教育程度	3.25	0.78	0.17**	1	—	—	—	—	—	—	—	—	—
③年龄	2.96	0.93	−0.15**	−0.35**	1	—	—	—	—	—	—	—	—
④婚姻状况	1.75	0.52	−0.12**	−0.21**	0.60**	1	—	—	—	—	—	—	—
⑤工作年限	3.14	1.20	−0.10*	−0.26**	0.76**	0.60**	1	—	—	—	—	—	—
⑥与现任上级共事时间	5.86	4.27	−0.05	−0.01	0.03	0.04	0.02	1	—	—	—	—	—
⑦工作使命感	5.70	1.42	−0.07	−0.05	0.09*	0.07	0.06	−0.05	1	—	—	—	—
⑧授权赋能型领导	5.87	1.27	−0.07	−0.04	−0.04	0.01	0.02	−0.04	0.49**	1	—	—	—
⑨WM	5.88	1.22	−0.09*	−0.08	0.09*	0.07	0.07	−0.04	0.56**	0.55**	1	—	—
⑩LMX	5.82	1.26	−0.08*	−0.08*	0.01	0.03	0.02	0.05*	0.49**	0.59**	0.51**	1	—
⑪LC	5.65	1.34	−0.08*	−0.08*	0.02	0.06	0.02	−0.04	0.62**	0.57**	0.60**	0.52**	1

注：N=579。WM—工作意义感，LMX—领导成员交换关系，LC—使命践行。*p<0.05，**p<0.01，***p<0.001

使命践行（r=0.60，p<0.01）也呈现显著正相关，上述变量之间的相关性能够符合理论预期的变量之间的关系。另外，控制变量中性别与工作意义感（r=-0.09，p<0.05）、领导—成员交换关系（r=-0.08，p<0.05）、使命践行（r=-0.08，p<0.05）存在正相关关系，且受教育程度与领导—成员交换关系（r=-0.08，p<0.05）、使命践行（r=-0.08，p<0.05）也存在正相关关系，使命感与研究模型中的核心变量都存在显著正相关关系，说明了本书对人口统计学变量，以及使命感变量控制的必要性。由此，研究一核心变量之间的相关性为后续检验提供了数据挖掘的基础。

在相关分析中，研究者发现个别变量之间（例如工作意义感与使命践行）的相关性高于0.5。为了避免样本数据可能存在的多重共线性问题，研究根据容忍度（Tolerance）和方差膨胀因子（Variance Inflation Factor，VIF）两个指标来诊断研究一的多重共线性。通过SPSS 25.0软件分析发现，变量的容忍度均大于0.1（0.41—0.85），VIF均小于2.5（1.27—2.42），由此，研究二的多重共线性问题可以忽略。

4.4.4 假设检验

1. 直接效应检验

操作SPSS软件进行分层线性回归分析，以便检验其直接效应。针对研究一模型中的授权赋能型领导对使命践行的直接影响，根据表4-5，将使命践行作为因变量，将员工性别、受教育程度等常见人口统计学变量，以及工作使命感作为控制变量放入第一层，再将授权赋能型领导作为自变量放入第二层，分别得到模型1与模型2。在控制了上述人口统计学基本信息，尤其是控制了工作使命感之后，可以看出授权赋能型领导对员工使命践行的回归系数显著（$\beta=0.20$，SE=0.01，$p<0.001$），具有正向影响。由此可见，授权赋能型领导能够显著正向预测使命践行，领导授权赋能到使命践行的主效应显著，所以，假设H1得到验证。

表4-5 直接效应检验

变量	使命践行 模型1	SE	模型2	SE
性别	−0.53	0.44	−0.23	0.37
受教育程度	−0.74*	0.32	−0.44+	0.27
年龄	−0.80*	0.39	−0.25	0.33
婚姻状况	0.70	0.54	0.58	0.45
工作年限	0.01	0.29	−0.08	0.25
与现任上级共事时间	0.01	0.04	0.00	0.03
工作使命感	0.35***	0.01	0.22***	0.01
授权赋能型领导			0.20***	0.01
R^2	0.26		0.30	
ΔR^2			0.04	

注：N=579。+$p<0.10$，*$p<0.05$，**$p<0.01$，***$p<0.001$

2. 工作意义感的中介效应检验

通过表4-6可以看到，授权赋能型领导对工作意义感的影响显著（$\beta=0.08$，SE=0.01，$p<0.001$），且工作意义感（$\beta=0.94$，SE=0.08，$p<0.001$）也能够显著正向预测使命践行。此时，数据显示授权赋能型领导对使命践行的直接影响仍然还是显著的（$\beta=0.15$，SE=0.01，$p<0.001$），说明工作意义感部分调节了授权赋能型领导对使命践行的正向影响。为更精准考察工作意义感在授权赋能型领导与使命践行之间的中介作用，有必要采用Bootsrapping的方法进行检验。Bootstrapping法的基本原理是在已有样本里反复进行抽样，对多个样本的间接效应值进行估算，继而观察相应的置信区间，验证其显著与否。通过设置随机抽样次数为5000次，结果见表4-7，授权赋能型领导通过工作意义感对使命践行影响的间接效应为0.15，95%置信区间为（LLCI=0.12，ULCI=0.19），其置信区间不包括0，结果说明工作意义感在授权赋能型领导与使命践行之间起到部分中介作用，关于中介作用的假设H2得到数据支持。

表4-6 回归路径分析结果

变量	工作意义感 中介模型	工作意义感 调节模型	使命践行 中介模型
控制变量			
性别	−0.07	−0.07	−0.17
受教育程度	−0.16	−0.16	−0.28
年龄	0.14	0.14	−0.37
婚姻状况	−0.01	−0.01	0.59+
工作年限	−0.01*	−0.01*	−0.09
与现任上级共事时间	0.01	0.01	0.03
工作使命感	0.12***	0.12***	0.11***
自变量			
授权赋能型领导	0.08***	0.08***	0.15***
中介变量			
工作意义感	—	—	0.94***
调节变量			
LMX		0.02*	
交互效应			
授权赋能型领导 × LMX		0.01**	

注：N=579。+$p<0.10$，*$p<0.05$，**$p<0.01$，***$p<0.001$。表中呈现为非标准化回归系数。

表4-7 中介效应检验结果

模型	Effect	SE	95%CI 下限	95%CI 上限
直接效应	0.13	0.01	0.10	0.15
间接效应	0.15	0.02	0.12	0.19

注：N=579。

3.调节作用检验结果

根据表4-6所示，授权赋能型领导与领导—成员交换关系的交互项对工作意义感具有显著正向影响（$\beta=0.01$，SE=0.01，$p<0.01$），说明了领导—成员交换关系调节了授权赋能型领导与工作意义感之间的正向关系，即在高水平领导—成员交换关系氛围下，授权赋能型领导对工作意义感的预测作用更明显。这也与之前的研究预期保持一致，因此，关于调节作用的假设H3得

到数据验证。

为更加直接地说明领导—成员交换关系在对授权赋能型领导行为与工作意义感关系中所起的调节作用,研究一进行了简单斜率分析,并制作简单斜率图,描述在不同LMX感知水平下,授权赋能型领导对工作意义感影响效应的不同。结合图4-2能够更加清晰地看到,相较于低水平的领导—成员交换关系,在高水平上下级交换关系影响下,授权赋能领导行为对工作意义感的正向影响更强。也就是说,员工感知到与上级的关系越亲密,会进一步放大授权赋能型领导对促进员工感知工作意义的积极影响,在它们之间起到正向调节作用。

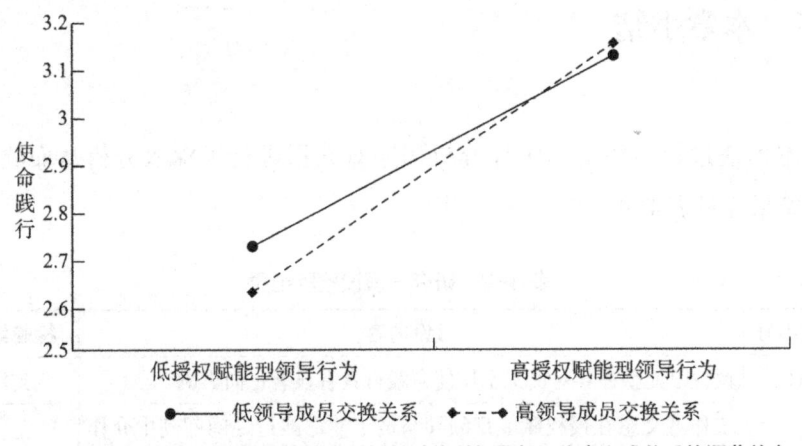

图4-2 领导—成员交换关系对授权赋能型领导与工作意义感关系的调节效应

4.有调节的中介检验

本书使用Bootstrapping的方法构建了新样本以检验被调节的中介模型,表4-8给出了在调节变量不同取值的情况下,工作意义感作为中介变量在授权赋能型领导影响使命践行路径下的间接效应。结果发现,在LMX较高时,授权赋能型领导通过工作意义感影响使命践行的间接效应值0.08(95%CI=[0.04,0.13]);在LMX较低时,授权赋能型领导通过工作意义感影响使命践行的间接效应值为0.06(95%CI=[0.03,0.10]),以上所对应的置信区间都不包含0。再进一步结合差值可以得出,LMX的有调节中介效应值为

0.02，标准误差为0.01，95%的置信区间为（0.004，0.03），也未包含0。由此说明，授权赋能型领导与使命践行之间经由工作意义感的中介效应受到了LMX的调节。由此，假设H4也得到数据支撑。

表4-8 被调节的中介效应分析结果

中介变量	调节变量	Effect	SE	95%CI 下限	95%CI 上限
工作意义感	高值	0.08	0.02	0.04	0.13
	低值	0.06	0.02	0.03	0.10
	差值	0.02	0.01	0.00	0.03

注：N=579。

4.5 本章小结

本书通过较为规范的统计分析程序对数据进行了深入分析从而验证假设，结果详见表4-9。

表4-9 研究一假设检验结果

假设序号	假设内容	检验结果
H1	授权赋能型领导对员工工作使命践行具有显著正向影响	支持
H2	工作意义感在授权赋能型领导与员工使命践行之间起到中介作用	支持
H3	领导—成员交换关系正向调节了授权赋能型领导与工作意义感之间的关系	支持
H4	领导—成员交换关系正向调节了授权赋能型领导与员工使命践行之间经由工作意义感的中介作用	支持

研究结果支持了领导行为对其下属使命践行的正向预测作用，即授权赋能型领导可以促进员工使命践行。研究还进一步证实了工作意义感在授权赋能领导行为与使命践行之间所起到的中介作用。也就是说，当领导授权赋能后，员工工作使命感得以践行是可以通过对工作意义的感知而间接产生的。同时，本书还验证了领导—下属互动关系在授权赋能型领导与工作意义感之

间所起的调节作用，结果显示了领导—成员交换关系具有显著正向调节作用，并且，在高水平领导—成员交换关系影响下，授权赋能型领导对工作意义感的预测作用会更强。不仅如此，LMX在研究一模型中的被调节的中介作用也得到验证，即LMX能够调节授权赋能型领导与员工使命践行之间经由工作意义感的间接效应。当领导成员交换关系越高时，该间接效应就会更强。关于研究一结论的合理性、研究意义，以及可能存在的不足，将在后续结论与展望章节中进行更为具体的阐述与分析。

第 5 章
员工工作使命践行对工作繁荣、工作绩效的影响机制

5.1 研究目的

随着当前市场竞争的日益加剧,各行各业都需要保持活力并不断学习新技术、新理念,以对抗外部环境的易变性,并实现持续发展。企业中的员工,其活力与成长不仅有利于个体发展,还决定着组织的创新与发展水平。成长与发展是员工个体和组织普遍重视的问题。一方面,员工的成长发展从何而来?受到哪些因素的影响?这是一个值得探讨的话题。另一方面,回顾目前使命感和使命践行领域的研究,学者们将使命践行视为连接使命感和一系列心理体验与工作结果的中介变量,因此,使命践行必然对个体、职场或组织产生更为直接、密切的关联和影响。现有使命践行的文献表明了使命践行能够显著影响员工的心理和工作行为(例如身心健康、主观幸福感、工作/生活满意度、工作投入、组织公民行为等)(Berg, Grant and Johnson, 2010; Bunderson and Thompson, 2009; Duffy, England, Douglass, Autin and Allan, 2017;李翙君,黄一鸣,王紫,潘静洲,2021),而员工的心理和行为必然会影响他们自身的成长与发展,据此,本书预期工作场所中员工使命得以践行,将对个体的成长、发展带来重要影响。员工的成长、发展既体现在个体内在的成长,也包括个体外在行为表现。Spreitzer等学者(2012)认为工作繁荣是个体感知的成长和进步的重要标志,作为一种反映积极心理状

态的内在属性，个体在工作中达到繁荣状态应体会到发展和进步。而工作绩效作为衡量行为的结果，代表员工在工作中取得的成绩，其高低水平在一定程度上体现了个体的外在成长与发展，同时，员工的个体绩效提升有助于组织绩效的整体提升，能够指向组织的整体发展。所以，本书选取工作繁荣和工作绩效分别作为衡量员工成长发展的内在属性和外在表现，可以预期使命践行能够对工作繁荣和工作绩效产生重要影响。基于以上，本书的首要目的是详细探究使命践行是怎样影响职场中员工的内在成长（工作繁荣）与外在行为结果（工作绩效）的，并进一步揭示其产生影响的作用机理。

同时，从积极心理学角度出发，使命感和使命践行本质上作为内在动机较强的心理构念，研究者往往期望能够尽可能增强它们所产生的积极效用，适当减缓它们所引发的负面影响。由此看来，对于使命践行影响效果的边界条件的讨论成为非常有必要的另一项研究问题。而现有实证研究中关于使命践行调节因素的探讨匮乏，从而使其调节作用的研究价值凸显出来，这对于完整理解使命践行的作用效果具有重要意义。根据WCT理论（Duffy，Dik，Douglass，England and Velez，2018），心理氛围作为个体对工作环境的评价和感知，会在使命践行对结果的影响中起到调节作用，并进一步指出4种心理氛围感知，其中就包括领导的支持和帮助。由此，本书的第二个目的在于，尝试从领导风格入手，探究使命践行作用机制的边界条件，即考察具备怎样特质的领导能够增强或减弱个体使命践行对工作结果的积极预测。

5.2 研究假设推导

5.2.1 员工使命践行对工作繁荣和工作绩效的影响

作为人类行为的动机理论，自我决定理论的重要价值在于聚焦动机，与环境因素进行结合阐述对个体心理和行为所带来的一系列影响，从而启发人们从动机视角去关注和探讨如何激励个体行为并有效引导行为。基本心理需求理论是自我决定理论的核心，该理论提出了所有人生来都具有最基本、最普遍的3种需求，即胜任、自主和关系需求，个体会努力寻求满足需求的环境。基本心理需求理论阐述了环境因素通过内在心理需要的中介对个体的行为与心理产生影响（张剑，张微，宋亚辉，2011）。使命践行作为个体在工作中所追求的信念，体现了使命感被实际践行的状态（Duffy and Autin, 2013；李翊君，黄一鸣，王紫，潘静洲，2021）。

依据自我决定理论，拥有使命感的个体本身带有较强的目的性和动机性，具有自我引导性，因此他们内心隐含着强烈的实现自身使命感的期望和需求，使命践行的过程代表了个体内在需求满足的过程（刘晨，周文霞，2022）。已有研究发现，使命践行作为一种感知构念，与内在动机相关（Duffy and Sedlacek, 2007），与身份认知和自我认知存在紧密联系（Elangovan, Pinder and McLean, 2010; Hall and Chandler, 2005）。在工作情境下，组织中员工践行使命会使他们感觉到有能力掌控自己的工作岗位，通过努力实现自己的目标（Gazica and Spector, 2015；李翊君，黄一鸣，王紫，潘静洲，2021），能够听从内心自主选择期望从事的工作活动，并且发现工作具有极大意义，是自我认同的一部分（Berg, Grant and Johnson, 2010），这在一定程度上满足了个体的胜任与自主需求。而且，使命得以践行会促使工作场所中具有相似信念的群体建立联系（Gazica and Spector, 2015），增进同事之间交流和分享使命践行的经验和体会，践行使命的愉悦和满足感也会促使个体以更加积极、友善的态度对待和处理周围人际关系，从而满足个体对关系的需求。因此，使命得以践行会使个体的内在基本需求得到满足。

从动机视角出发，当践行过程中个体需求被满足时，就会产生强烈的内在动机，动机激发个体行为，从而最终对个体绩效、心理健康等产生一系列影响。现有大量研究已表明使命感知、使命践行对员工心理和工作行为（例如积极情绪、主动性行为、工作投入等）都具有显著预测作用（Berg, Grant and Johnson, 2010; Bunderson and Thompson, 2009; Duffy, England, Douglass, Autin and Allan, 2017；李翊君，黄一鸣，王紫等，2021）。由此可见，使命践行能够对个体工作绩效产生重要影响。

同时，个人成长整合模型（Spreitzer and Porach，2013）可以进一步帮助阐释使命践行与工作繁荣的关系。个人成长模型同样基于自我决定理论，最初是用于考察工作繁荣的实现路径，该模型的核心思想是，情境诱发因素可以借助员工自我决定这一媒介来影响工作繁荣（李慧娟，2021），进而帮助其获得更多积极结果。由此可知，当员工处在某些特定情境下时，由于这些工作情境满足了个体的三种基本需求，使得他们更可能实现工作繁荣状态。因此，满足员工的基本心理需求可以视为工作繁荣的引擎（Spreitzer and Porach，2013）。依据上面所述，使命得以践行恰好是满足个体心理需求的过程，因此，使命践行能够帮助实现工作繁荣。

综上所述，根据自我决定理论和个人成长整合模型，员工在工作场所使命得以践行，使得基本心理需求得到满足，从而产生动机努力去实现工作繁荣状态并追求更高水平的绩效。

由此，现将两点假设研究提出：

H1a：个体工作使命践行能够显著正向影响工作繁荣

H1b：个体工作使命践行能够显著正向影响工作绩效

5.2.2 两种工作激情的中介作用

1. 二元工作激情在使命践行与工作繁荣之间的中介作用

自我决定理论体系中的有机整合理论将个体外部动机划分为不同类型，个体自我决定的程度和差异在某种程度上取决于外部动机的不同内化程度。也就是说，四种类型代表了不同程度的外部动机内化途径。该理论认为，比较四种调节类型，整合动机内化程度最高，所发挥的作用基本可以视为与内在动机同等重要。在自我决定理论基础上，激情的二元模型（Dualistic Model of Passion，DMP）阐述了激情的内在二元性及两种类型激情的结果效用。该理论认为，对工作的内化过程决定了工作激情的类型，也就是动机内化是根本来源，它是激情迸发的前提条件（Vallerand，2010）。单纯的内部动机无法产生激情，因为此动机并不涉及对活动的认同内化，而且对行为的影响可能是非常短暂的。因此，当个体将活动的外部动机内化为内射动机时，往往产生强迫性工作激情；而外部动机内化为认同动机或整合动机，也就是和谐激情产生的过程。两种激情的主要区别在于，动机内化过程是自主性内化还是控制性内化。

强迫激情来自对活动、对个人身份的控制内化（Deci and Ryan，2000），是指个体对一项活动所具有的强烈的动机倾向，并最终使个体放弃和遗忘自我而不得不去参与这项活动。基于自我决定理论，这样的控制内化过程会导致个人产生与活动相关的价值观和规范，并且这种身份内化完全在自我整合之外，它源自个体内心或人际间的压力，这些压力的产生是因为某种附加于活动上的东西，如社会认同感或自尊感，或者因为参与活动产生了无法控制的兴奋感，这种压力下的投入会使人无法完全专注于自己手头上的任务，大大降低了个体的积极情绪和在工作过程中的体验感，甚至在参与任务的过程中体验到消极情绪（Vallerand，2010）。因此，具有强迫激情的人会发现自己处于一种无法控制的冲动中，想要参加他们认为重要且愉快的活动，对活动表现出一种执念，这是因为自我投入而非自我整合过程在发挥着强迫激情，导致人们最终依赖于活动，渴望从中得到回报。

和谐激情源自活动对个人身份的自主内化，也是指个体对一项活动所具有的强烈的动机倾向，但不同的是，个体具有选择权。基于自我决定理论，这种内化过程使个人能够控制自己并自由、自愿地参与该项活动，并无任何附加压力。这种自主内化是自我内在和自我整合的倾向（Deci and Ryan，2000），产生积极主动参与活动的动力，以及追求活动的意志和对活动的个人认可。当和谐激情发挥作用时，个人可以自由地选择从事自己喜爱的活动，这项活动在人的身份中占据了一个重要的、但并非压倒一切的空间，与个体生活其他方面是和谐的（Vallerand and Houlfort，2003）。换句话说，和谐激情真正的自我整合正在发挥作用，让人以正念和开放的心态充分参与到充满激情的活动中，积极的体验随之而来。

依据自我决定理论和DMP模型，动机内化引起激情的质变，是激情的根本来源，由此可以推断，使命践行会引发工作激情。首先，使命得以践行满足了个体基本心理需求，增强了个体对现有活动的认可，引发了个体强烈的内在动机和自我驱动。和谐激情来自自主性内化过程，这种内化会产生一种动机力量使个体自愿地去从事一项活动，并能够体会到对工作的更加自主地把控，从而导致和谐激情出现。根据DMP理论，和谐式工作激情意味着个体会主动把某项工作内化为自我同一性的一部分，在投入工作时是一个充分整合的自我状态（Deci and Ryan，2000），在这种激情驱动下，个体通常会以更加开放的心态投入工作中，呈现对工作方式更加灵活地把控，从而能够引发更多的积极情感和体验，而特定的工作资源如积极情感、工作意义、有益的关系资源等，能促进积极行为，从而有助于工作繁荣提升（邱阳，2018）。

从资源保存理论的框架下分析，各类资源往往相互聚集，共同构成个体的资源储备。具有和谐工作激情的员工不仅增加了其心理资源，而且这种积极激情也促使其不断获取物质、工作等资源，因此其整体资源储备也会增加。资源保存理论框架下，资源存量高的个体表现出更强地投入资源的行为倾向。拥有和谐工作激情的员工因其积极情绪在工作中保存了更多资源，此时个体更倾向于投入现有资源以获取未来的资源收益。据此，当员工具有较高程度的和谐激情时，更倾向于投入存量资源主动学习，以此获取增量资源，因为学习相当于投入资源，通过能力精力的付出能够换取更多的未来资源收益，进而促进个体工作繁荣。而且，具有和谐工作激情的员工能够自由、灵活地安排自己的工作时间（李芷慧，2019），这种更加灵活的工作方式能够让个体拥有更多的自由选择权，可以更加合理地分配工作和休闲时间，促进自我学习，减少资源在工作中的过度消耗，有利于保持充足的能量和热情。此外，对工作较为灵活的控制能够促进合作，更可能积极帮助同事，加强与他人的联系，从而营造和谐职场友谊，有助于提升员工的活力与能量（李芷慧，2019）。当员工积极参与同事之间的活动，他们的工作范围也得到扩展，各种工作经验得到分享，从而接触到新的知识、技能，实现向周围同事的学习。除此之外，和谐工作激情对于工作的自由把控，能够更好地协调工作与家庭关系，现有研究也证实了工作—家庭增益和家庭—工作增益有助于促进工作繁荣感（陶厚永，韩玲玲，章娟，2019）。

现有实证研究也表明，和谐工作激情更容易带来高水平学习和活力。Forest、Mageau、Sarrazin 和 Morin（2011）聚焦企业员工，检验了和谐激情能够带来积极结果，证实了和谐激情与心理健康、活力和情感承诺呈正相关。以上结论为使命践行通过和谐激情带来积极结果提供了相应的实证依据。Carbonneau、Vallerand、Fernet 和 Guay（2008）也证实了更高水平的和谐激情可以预测工作满意度的增加并降低耗竭症状。

基于以上，本书有理由预期使命践行通过激发和谐工作激情从而增强个体在工作中的学习状态和活力水平。现将假设研提如下：

H2a：和谐工作激情在使命践行与工作繁荣之间起到中介作用

使命践行在激发和谐工作激情的同时，也会引发强迫工作激情。根据DMP理论，强迫式工作激情源自控制的内化过程。个体通常由于外在的压力而迫使自己把某项工作内化为自我统一性的一部分，导致个体感受到内心压迫而不得不投入其中（朱晓萌，2020）。结合使命践行过程，可以看出，践行了自身使命的员工由于感受到了一种正向反馈，从而受到鼓舞会更加投入（李翊君，黄一鸣，王紫等，2021），而持续不断的投入过程可能会导致员工失去对工作的控制，过度沉浸在工作中而无法自拔。已有研究表明了追寻职业使命感会带来更多的责任，也会带来更多的工作付出（Bunderson and Thompson，2009）。上述研究表明了使命践行能够引发受控内化的可能性。而且，人们对使命践行的期望和要求是永不满足的，员工现有使命践行的目标实现会持续产生更多未来的使命践行需求（Elangovan，Pinder and McLean，2010；李翊君，黄一鸣，王紫等，2021），会促使他们更加努力工作，通过高质量完成任务以实现更高的目标（Keller，Spurk，Baumeler and Hirschi，2016），甚至成为工作的"附属"和"奴隶"。同时，由于并不是所有使命感都能在工作场所中实现，因此能够践行自我使命感的这种珍贵性会让员工产生压力，担心已经实现的工作使命感，以及在实践过程中已经获得的资源支持、心理支持会遭受损失。由此可见，员工感觉到自己受控制于这些内在和附加在工作上的东西而必须从事某些活动，失去对时间和活动的自由安排和调度（Clinton，Conway and Sturges，2017；李翊君，黄一鸣，王紫等，2021），从而激发了强迫激情。

虽然强迫激情产生于控制性内化，但是，从本质上看，强迫激情对于工作也表现出强烈的动机倾向，这种激情同样包含了对活动的喜爱，以及从事某项活动的强烈的倾向（Vallerand and Houlfort, 2003）。由此，强迫工作激情虽然可能带来一些非适应性结果（例如低心理幸福感、低职业承诺、高工作家庭冲突）（Carbonneau, Vallerand, Fernet and Guay, 2008; Vallerand, 2010），但是强迫激情也包含员工对工作的认可以及投入，只是受到了外界的影响和控制。具有强迫工作激情的员工因为从参与活动中产生了无法控制的兴奋感，对工作活动表现出一种执念的坚持行为，使得他们依赖于活动，并渴望能从中得到回报，这种对工作的执念会促使个体不断投入工作，犹如工作狂一般沉浸在工作状态中，表现出较高的活力与热情。有研究也指出，工作激情可以产生兴奋感及精力（杨仕元，卿涛，岳龙华，2018）。由此可见，强迫式激情也表现出对从事任务活动的强烈倾向与活力投入。

同时，具有强迫工作激情的个体为了获得回报，他们会将重心和关注点放在工作目标中，过度专注于自己的工作（Vallerand and Houlfort, 2003），以致他们认为任何非工作职责活动（如组织公民行为）都会分散注意力或降低其工作热情（朱晓萌，2020）。带着对完成工作的强烈执着感，员工还可能为了完成目标而想方设法改进工作方式方法，尝试创新。有研究就指出当个体感知到组织支持创新时，拥有较高强迫型工作激情的个体会倾向于创新（杨仕元，卿涛，岳龙华，2018）。还有研究发现，和谐与强迫激情越高，越能产生学术创新行为。强迫激情甚至还可能为了实现工作任务而留意周围人的工作，学习他人成功的经验和技巧，借此通过工作这种方式得到期望的回报。根据工作繁荣的社会嵌入模型，任务聚焦、工作方式开发、与他人加强联系作为动因性工作行为，均能促进员工的活力和学习（李芷慧，2019），是促进工作繁荣的最直接前因，而具有强迫激情的员工与上述活动能够产生关联。另外，拥有强迫工作激情的员工受附加之物的控制可能也会感受到压力，带来一定的资源耗费（朱晓萌，2020）。资源保存理论提出，面对压力，人们往往会通过获取、保护并保留资源（如时间、情绪能量、注意力等）的方式来处理（许黎明，赵曙明，张敏，2018；朱晓萌，2020），而个体通过主动学习能够获取个体特征资源、能量资源等，并换取未来资源收益（如知识和技能），减少资源损失，从而促进精力、能量的恢复和保持。

基于上述阐述，本书有理由推断使命践行可以通过激发强迫激情增强个体学习与活力的体验，从而实现工作繁荣。于是，假设如下：

H2b：强迫工作激情在使命践行与工作繁荣之间起到中介作用

和谐激情与强迫激情体现了每个人在需求满足情况下，动机内化的方式不同，强迫工作激情代表了个体被激情所控制，而和谐工作激情代表了个体对充满激情活动的自主性，这种自主内化容易引发更多的积极情感与适应性行为，体会到更多的工作乐趣与快乐，且更容易在工作与生活之间的平衡中受益（Houlfort et al.，2017）。林云云（2012）就指出和谐激情有助于个体体验更多的积极情感（例如心理健康、活力）。现有研究也表明了和谐工作激情对工作绩效的影响主要体现在对人际绩效和适应绩效的影响上，即具有更高和谐工作激情的员工会表现出更高的人际交往与沟通的效果，获取更多的乐趣和幸福体验（宋亚辉，2015）。据此，本书认为两种工作激情在使命践行影响工作繁荣的路径上所发挥的中介效应存在差异。根据两种激情的特点和现有研究文献，本书合理预期和谐工作激情比强迫工作激情所发挥的中介效用会更显著。

据此，进一步研提假设：

H2c：和谐工作激情在使命践行与工作繁荣之间的中介作用要强于强迫激情的中介作用

2.二元工作激情在使命践行与工作绩效之间的中介作用推导

依据前文，员工在工作场所践行使命能够同时带来两类工作激情，而通过梳理现有研究文献得出，两类工作激情都可以促进绩效结果：借助和谐激情，通过自主内化方式驱动员工以更积极和谐的心态从事工作，更容易产生自我驱动的利于绩效的行为，例如积极工作投入、注重发展技能、关心关注人际关系等，对于工作活动的自由把控也更容易收获心理健康；强迫激情最终也可以导致高绩效结果的出现，但由于其作用过程更多基于受控动机的内化影响，基于工作外部因素的考虑可能会使得个体难以感受快乐和幸福（张剑，宋亚辉，叶岚，Hocine，2014）。由此看出，员工使命践行通过激发出二元激情进而作用于工作绩效。

具体来看，具有和谐激情的员工通过自我整合全身心投入工作，有助于提升注意力、专注力和积极体验（张剑，宋亚辉，叶岚，Hocine，2014；宋亚辉，2015），自主性内化过程表现出更加积极的心理状态与强烈的投入倾向，上述种种特征说明这种激情会对工作行为和绩效产生积极影响。这种发自内心对工作的认可和喜爱，是员工工作最大的动力。员工带着这种积极情绪投身于自己选择的工作活动中，更能体会到工作的乐趣，更能关注自身的发展并获得个人能力的提升（宋亚辉，2015）。有研究指出，具有和谐工作激情的个体对学习和掌握知识与技能的过程更加关注（Bonneville-Roussy et al.，2011；宋亚辉，2015），积极地工作投入与技能的发展有助于提高效率，从而获取更高的任务绩效。同时，由于对工作更有自由度和选择权，员工因此有更多的时间、精力参与各项活动，与其他人发展和保持良好的关系，能够更加主动帮助他人、与他人合作。工作中展现出的积极情绪，在营造和谐关系的同时，也能够在和谐关系中得到滋养，形成资源增益循环，甚至表现出工作要求之外的组织公民行为等积极行为，这些行为对于促进周边绩效起到了正向影响。有研究指出和谐工作激情对工作绩效的影响主要体现在人际绩效和适应绩效（宋亚辉，2015），说明拥有和谐工作激情的员工具有更强烈的人际交往和营造和谐工作氛围的需求和期望，在和谐关系滋养中能够更多关注自身成长与学习，并且对于新知识和技能的分享欲望会更强，这些都有助于促进创新行为和创新绩效。

现有大量研究也证实了和谐工作激情对工作绩效的积极预测作用。林云云（2012）的研究证实了和谐的激情对员工的工作绩效和进谏行为能够产生正向影响。Xieet 等学者（2016）的研究也发现拥有和谐激情的员工的工作绩效会更好。据此可知，和谐工作激情能够促进工作绩效，这一点已得到相关实证的佐证。因此，本书合理预期使命践行通过引发和谐工作激情能够促进工作绩效的提升。于是，提出以下假设：

H3a：和谐工作激情在使命践行与工作绩效之间起到中介作用

从理论上来看，当员工使命践行产生强迫工作激情时，激情有助于员工对组织和工作产生高度的依赖感，会提高工作表现。具体来看，这种带有执念色彩的工作激情，源于员工通过控制型内化过程产生的工作投入意愿。这类员工的工作动机可能源于希望获得尊重、提升社会地位和赢得社会赞许等因素的驱动，因而他们往往为了这些附加于工作之上的因素进行投入和付出。具有强迫工作激情的员工虽然不一定能产生和谐工作激情那样的积极情感，但是他们也希望通过工作来换取自己在工作中得到认可或尊重，或者基于其他外在动机因素（杨仕元，卿涛，岳龙华，2018）。工作往往被拥有强迫激情的员工视为实现外在目的的重要途径和手段，为了能够在工作中得到期望的回报，拥有强迫型激情的员工也会努力工作，甚至被工作活动控制而成为"工作狂"，这种状态虽然可能会对个体健康状况造成不良影响，但是，工作场所中的执着、坚持的持续投入，仍然会有可能为员工带来创造力甚至工作提升，在工作中，时间、精力等投入得越多，往往更容易获得一定的工作产出。也就是说，具有对工作偏执投入的强迫工作激情的员工也会努力投入，从而在任务完成方面取得目标和成绩（宋亚辉，2015）。不仅如此，为了获得高绩效水平，具有强迫激情的个体会严格遵守组织各项规章制度，维护工作目标，避免受到组织的惩罚，并表现出执着的工作热情，甚至可能主动执行不属于本职工作的任务，或者考虑与他人合作以完成工作，只要能够帮助自己获得期望的回报。可见，强迫激情不仅能影响任务完成，还可能对周边绩效产生一定影响。李晓鹏（2021）在对新生代员工的研究中明确表明，和谐型激情和强迫型激情都有助于提升员工的组织认同感，使得员工认同并认真对待组织交代的工作活动，从而实现较好的绩效表现。

强迫激情对工作绩效的正向影响也有一定的实证佐证。Patel、Thorgren和Wincent（2015）认为和谐型激情和强迫型激情都能导致高度工作创新性并促进项目绩效完成。有研究也证实了强迫工作激情对工作绩效的影响主要体现在对任务绩效、努力绩效和适应绩效的影响上（宋亚辉，2015）。因此，上述实证研究也支持本书做出上述推断。

基于以上，本书提出以下假设：

H3b：强迫工作激情在使命践行与工作绩效之间起到中介作用

如前所述，两类激情体现了个体在需求满足的情况下，动机内化方式不同，对工作绩效的影响效力会存在差异（宋亚辉，2015）。与强迫工作激情相比，和谐工作激情带来更多的积极情感与适应性行为。强迫激情在带来良好绩效的同时会产生一些负面影响，如阻碍在工作中获得快乐和享受（朱晓萌，2020）。有研究（宋亚辉，2015）也表明，虽然两种激情可能都会对绩效产生积极效应，但二者的作用机制存在差异：和谐激情对于创新性绩效的影响，可以借助动机和情感影响认知机制进而作用于结果；而强迫激情的实现路径则缺乏情感通道，主要借助动机和认知的中介作用进而对创新性绩效产生影响。由此可以看出，和谐工作激情对工作绩效的影响可能是多途径的，因此其影响作用更为深入。和谐激情是有效促进员工更好地产生优秀的行为表现和绩效的路径（张剑，宋亚辉，叶岚等，2014；朱晓萌，2020）。据此，本书合理预期和谐工作激情比强迫工作激情的影响效力更强。

基于上述阐述，本书提出以下假设：

H3c：和谐工作激情在使命践行与工作绩效之间的中介作用要强于强迫激情的中介作用

5.2.3 任务导向型领导行为的调节作用

（1）作为使命践行的一个核心理论模型，WCT理论特别指出感知的心理氛围会在使命践行对结果的影响中起到调节作用，该理论归纳了心理氛围包含的内容，其中一个方面就是"感知到领导的支持和帮助"。由此可知，领导情境在本书中也可以作为一个典型的调节因素。职场中，领导往往扮演举足轻重的角色，无时无刻不在影响着企业员工的动机、情绪和行为。如果管理者能够适应员工的心理需求，提供更多支持性的指导并营造良好氛围，往往会指向更多积极的结果。

（2）当进一步探究使命践行的作用机制时发现，由于二元激情都是基于对工作活动的投入，而相关效果变量都聚焦员工在工作领域的影响。考虑到工作任务或活动是上述变量的聚焦点，本书认为能够关注并推动工作任务的领导风格将会在这里起到权变作用。

(3）依据中国情境下领导行为的二分法（王辉，忻蓉，徐淑英，2006），任务导向型领导恰好是关注任务完成的典型的领导风格代表。更为重要的是，由于任务导向型领导有助于提升绩效，组织中的领导行为大多以任务目标为导向（董俊武，龚静，曾瑶，2020），由此更说明了任务导向型领导是组织中普遍存在的一类领导风格。与关系导向的领导行为相比，任务导向的领导行为重在监督员工的工作方法，以及目标完成的进度。不难看出，任务导向领导的种种行为表现，都凸显了他们对于任务目标的高度重视，任务导向型领导在组织中代表一类广泛存在的领导群体，基于此，任务导向型领导行为成为研究二重点考察的边界条件。

任务导向型领导往往具有清晰的目标和任务，要求下属依照明确分配的职责进行工作，并为员工提供完成目标的具体指示和衡量标准（刘晓志，2020）。对于具有和谐工作激情的员工而言，明确的目标与指示有利于员工了解工作要求与进度安排，从而利于个体更好地开展工作。研究也表明，任务导向型领导将工作任务一一分解并指派给员工的方式，有利于员工明晰自己的工作方向（刘晓志，2020）。具有和谐激情的员工本身带着积极情绪和对工作自由地把控，在明晰目标和工作范围后，会提高工作效率，达成绩效目标。任务导向型领导不仅定义目标和角色职责，还提供监督和指导行为，他们会明确告知下属完成任务的方法，并帮助员工在工作中以专业的知识和技能积极解决问题，通过不断地监督和及时的指导，及时纠正表现不佳的员工在工作中存在的问题。为了有效地开展工作，任务导向型领导会运用可操作及行之有效的方式帮助员工构建一个有利的工作环境。由此看来，适时的监督与指导可以促进具有和谐激情的员工不断学习与进步，保持高涨的热情与活力；积极正面的反馈有利于员工改进并提升绩效。依据资源保存理论，如果将任务导向型领导视为一种工作资源，将会促进拥有和谐激情的员工增值自有资源，享受资源增值的员工会更愿意投入存量资源进行学习（李慧娟，2021）。因此，任务导向型领导增强了和谐激情对工作繁荣的预测作用。根据以上论述，任务导向型领导实际上为具有和谐工作激情的员工提供了更多支持环境，从而增强了和谐工作激情对工作绩效的积极预测。

虽然任务导向性领导研究文献比较有限，但是现有文献也显示了该领导风格对工作绩效的指向关系（邓显勇，2009；李召敏，赵曙明，2016）。何立和凌文辁（2010）指明了在中国企业发展过程中，任务导向型领导通常能够充分认识到员工对于企业生产与经营的重要性，对员工的积极性、绩效有显著的正面影响。刘晓志（2020）的研究也明确证实了任务导向型领导能够对员工任务绩效和关系绩效起到积极预测作用。

因此，本书提出具体假设：

H4a：任务导向型领导正向调节和谐工作激情与工作繁荣之间的关系

H4b：任务导向型领导正向调节和谐工作激情与工作绩效之间的关系

H4c：任务导向型领导正向调节了使命践行经由和谐工作激情正向影响工作繁荣的关系

H4d：任务导向型领导正向调节了使命践行经由和谐工作激情正向影响工作绩效的关系

任务导向型领导对于具有强迫激情的员工也有重要的渗透作用。任务导向型领导能够进行清晰职责范围划分并提供衡量标准，让下属清楚地知道在工作中需要完成的具体目标和任务。此举对于那些具有强迫工作激情的员工而言更为重要，因为带有强迫激情的员工很容易陷入工作而无法自拔，导致对工作过度投入甚至成为工作狂。在任务导向型领导的引导下，这种明晰目标和指令的方式能够让员工清楚了解需要完成的工作目标和要求，集中精力从事需要做的事情，避免"低头蛮干"行为，把更多的工作激情投入属于工作范围内的活动中，有助于高质高效完成任务。任务导向型领导提供的有效工作指导和监督方式，有助于缓解具有强迫激情的员工产生偏执的埋头苦干的压力，找到解决工作难题的办法。如果具有强迫激情的个体能够通过更加高效的工作达成绩效目标，预期能够实现工作中的回报，可能会适当缓解工作本身对个体的控制感，令员工有更多的时间和精力进行学习，平衡工作和家庭生活，从而感受到更多的活力。王辉、忻蓉、徐淑英（2006）在研究中明确将任务导向型领导的内涵划分为"设定愿景""开拓创新""监控运营"三个维度：设定愿景意味管理者提供了未来的发展指向，有助于增强具体强迫激情的个体对企业的认同,从而促进对工作的投入并进一步产生高水平绩效;开拓创新是指领导激励具有强迫激情的员工创新和敢于承担风险,而创新能够带来活力、热情与成长,提升工作成就感和工作绩效;监控运营代表领导监控引领员工达成工作目标,通过指导、监督、有效控制等一系列方式,促进个体学习与成长,通过自我提升带来绩效提升。另外,依据Patel、Thorgren和Wincent(2015)的研究观点,和谐型激情和强迫型激情都能导致高度工作创新性,对项目绩效有正面效应,但二者效应对环境特性的依存却有差异。在动态环境中,强迫激情领导者面对不稳定性更多地关注不可预测的变化,任务控制更有价值。以上观点也证实了在当前易变性职业环境下,任务导向型领导对具有强迫工作激情的员工影响更为显著。不仅如此,相关实证研究也指出了任务导向型领导虽然可能导致员工缺乏决策与参与权(Pearce, Sim et al., 2003),但也可以促进知识创新与绩效提升(邓显勇,2009)。

由此看来,任务导向型领导可以通过向员工提供指导和帮助来弥补工作环境中的不足,通过及时监控帮助员工提升工作成效,任务导向型领导的这种正面管理行为能够对员工积极结果有预测作用(刘晓志,2020)。依据社会支持理论,当员工相信他们的工作组织或直接领导是支持他们的,员工就会表现出更加积极的态度和行为。所以,任务导向型领导通过分解目标、提供监督指导等管理措施向具有强迫激情的员工提供帮助,缓解了员工被工作控制的强迫感,也就意味着减少了个体在职场中的资源消耗,从而增强了强迫工作激情对积极结果的预测作用。

综上,本书有理由预期在任务导向型领导的影响下,具有强迫工作激情员工能够提升工作繁荣和工作绩效水平。

H5a:任务导向型领导正向调节强迫工作激情与工作繁荣之间的关系

H5b:任务导向型领导正向调节强迫工作激情与工作绩效之间的关系

H5c:任务导向型领导正向调节了使命践行经由强迫工作激情正向影响工作繁荣的关系

H5d:任务导向型领导正向调节了使命践行经由强迫工作激情正向影响工作绩效的关系

5.3 研究方法

5.3.1 研究样本及程序

　　研究二关注的是使命践行对员工工作场所结果的影响。鉴于使命践行针对的是具有工作使命感的群体，同时为了尽量降低问卷流失率，研究二着重选择了对工作或职业使命感知程度较高的从业人群。研究者充分利用个人社会网络关系的便利性，研究对象定位于北京市的两家国有企业员工和北京、山东地区的公务员群体。研究者利用网络联系到这些组织的中层及以上管理人员，请求他们安排各部门或处室负责人作为重要联络人，以部门或处室为单位进行问卷发放。在实证调查之前，研究者将此次调研的主要目的、数据用途、填写原则及注意事项等内容以电话形式详细介绍给这些联络人，使其掌握基本的问卷发放与回收技术，以确保数据收集的科学性和准确性。问卷采用纸质版与电子版相结合的形式，北京地区被调查人员填写纸质版问卷，由联系人现场发放并填写。其他省市人员则采用邮件填写方式，由各单位的部门或处室负责人以电子邮件形式发放给下属，然后统一回收到负责人的邮箱，最后转发到本书指定邮箱。为了降低同源误差，且考虑研究二涉及变量较多，问卷采用多时间点数据收集方法。在时间点1，本书邀请被调查者填写员工人口统计学信息和使命践行情况，部门或处室负责人回收相应问卷并负责填写其下属的工作绩效信息；在时间点2，向完成时间点1调查的员工再次发放调查问卷，主要收集和谐工作激情、强迫工作激情与任务导向型领导行为；在时间点3，要求完成前两轮调查的员工对工作繁荣进行评价。三次调研的时间间隔分别是2周。参照研究一做法，为被调查者准备了U盘、钥匙扣、鼠标垫等小礼品，以提升答题质量。

　　问卷收集时间为2021年3月至6月，通过三阶段调研，共发放问卷1141份，回收问卷1049份。在回收问卷时，与研究一做法保持一致，需要对使命践行测量条目中"没有感知到使命感"的个体进行剔除，于是排除了329个样本。又进一步针对信息缺失严重、无法确定配对信息，以及无法进行规律性反应的106份无效问卷进行筛选剔除，于是回收有效问卷614份，问卷有效率为59%。

在614份样本中，性别方面，男性占56.3%，女性占43.7%，性别比例分布比较合理；婚姻状况方面，72.5%为已婚群体；年龄方面，以31~40岁（53.5%）的员工居多；受教育程度方面，大部分被试（54.8%）受过本科教育，硕士及以上学历占34%；被试者工作年限在6~10年的占52.61%，10年以上工作年限的占30.4%，平均与现任上级共事年限为6.05年。

5.3.2 变量测量

1. 自变量

采用Duffy等（2012）开发的LCS（Living a Calling Scale）的单维度、包含6个条目的量表进行测量。LCS典型测量条目有"我经常有机会去实践我的使命感""我目前在一个与我的使命感一致的岗位中工作"等。Duffy等（2016，2017）的实证研究都证实了该量表的信度和效度。该问卷采用Likert七分量表，要求被试者根据自身的实际情况填写，"1"表示完全不同意，"7"表示完全同意。在本书采用的数据样本中，该量表的内部一致性系数为0.97。

2. 因变量

研究二同时考察了工作繁荣和工作绩效两个结果变量。

工作繁荣：该量表是由Porath、Spreitzer、Gibson（2012）开发设计的共10个题项的工作繁荣量表，包含活力和学习两个维度，学习维度涉及1—5题，活力题项体现在6—10题。典型测量条目有"随着时间的推移，我学到了越来越多的东西""我充满能力和精力""我感到警觉和清醒"等。该量表采用Likert七分量表，作为比较成熟的量表，其中文版量表的信度和效度已在国内研究中得到了验证。该量表的内部一致性系数为0.97。

工作绩效：如前文所述，当前工作绩效的研究成果较为丰富，基于不同研究目的，开发出了多种测量问卷，但基于"工作绩效"多含义多维度特点，很难形成统一概念。因此，工作绩效的测量结果会因所选择的测量因素呈现很大差异。本书最终选用得到学术界更多认同的Borman和Motowidlo

(1993)的问卷,该问卷采用传统二维划分法,将工作绩效分为最基本的任务和周边绩效。该量表共包含13个题项,其中任务绩效涉及1—6题,周边绩效与7—13题对应。典型测量条目有"下属总能够在规定时间内完成计划的工作任务""下属能够主动加班以完成工作任务"等。该问卷采用Likert七分量表,其信效度已得到国内学者的验证(赵亚玲,2019)。在本书中,该量表的内部一致性系数为0.98。

3.中介变量

二元工作激情:员工的二元工作激情水平的测量采用的是Vallerand(2003)编制的量表,内容包含两种激情,分为7个条目,共有14个测量题项。考虑到该量表中描述的是在某项活动中的激情程度,参照国内学者的做法将问卷中的"活动"均替换成"工作"(朱晓萌,2020)。强迫工作激情的典型条目有"我有一种被工作控制的想法"等,和谐工作激情的典型题项包括"尽管工作对我来说是一种激情,但我仍能控制得当"。和谐激情量表在本书中的内部一致性系数为0.95,强迫激情量表在本研究中的内部一致性系数为0.90。

表5-1 研究二变量测量方式和量表信度检验分析

变量	时间点1	时间点2	时间点3	测量方式	量表题项	Cronbach's α
人口统计学变量	×			员工自评		
使命践行	×			员工自评	7	0.97
和谐工作激情		×		员工自评	7	0.95
强迫工作激情		×		员工自评	7	0.90
任务导向型领导		×		员工上评	6	0.96
工作繁荣			×	员工自评	10	0.97
工作绩效	×			部门/处室负责人下评	13	0.98

注:N=614。

4.调节变量

任务导向型领导:该量表选取Stogdill(1963)的领导行为说明问卷(Manual

for the leader-behavior description questionnaire-form Ⅻ）中关于任务导向型领导的内容，包含6个测量条目，其中典型性条目有"为每位下属定义角色职责"等。问卷采用Likert七分量表。该量表在本研究中的内部一致性系数为0.96。

5.控制变量

根据以往有关使命践行研究，表明一些人口统计学变量会对其产生影响，因此，本书中将性别、年龄、工作年限、与现任上级共事时间等常见个体背景信息因素作为控制变量纳入假设检验之中，以控制其干扰。

5.3.3 数据处理方法

本研究的统计分析策略与研究一大致相同，研究的所有变量构建在个体水平上，且不存在团队嵌套问题。由于使命践行作用机制的两条路径都涉及中介效应、调节效应，以及中介和调节效应的整合分析，为此，研究者主要采用SPSS 25.0和Mplus 8.3进行数据分析，具体如下：

（1）使用Mplus 8.3对样本数据进行验证性因子分析，以此确定变量之间的区分效度。

（2）使用SPSS 25.0进行探索性因子分析，即通过Harman单因素分析检验本子研究中的共同方法偏差。

（3.）使用SPSS 25.0进行因果逐步回归分析，对研究模型的主效应、中介效应和调节效应进行检验。同时，在此基础上使用SPSS 25.0加载的宏PROCESS 3.4完成Bootstrapping检验，以进一步验证中介效应及被调节的中介效应。

5.4 数据分析结果

5.4.1 验证性因素分析与共同方法偏差检验

由于使命践行、强迫工作激情、和谐工作激情、任务导向型领导等由同一部门员工评价，研究二通过验证性因子分析以检验以上测量之间的区分效度。理论模型为使命践行、和谐工作激情、强迫工作激情、任务导向型领导、工作繁荣、工作绩效，接下来构建了7个竞争模型，分别为：五因素模型代表使命践行、和谐激情+强迫激情、任务导向型领导、工作绩效、工作繁荣；四因素模型为使命践行、和谐激情+强迫激情+任务导向型领导、工作繁荣、工作绩效；三因素模型1为 使命践行+和谐工作激情+强迫工作激情+任务导向型领导、工作繁荣、工作绩效；三因素模型2为使命践行、和谐工作激情+强迫工作激情+任务导向型领导、工作繁荣+工作绩效；双因素模型1为使命践行+和谐工作激情+强迫工作激情+任务导向型领导、工作繁荣+工作绩效；双因素模型2为使命践行+和谐工作激情+强迫工作激情、任务导向型领导+工作繁荣+工作绩效；单因素模型为使命践行+和谐工作激情+强迫工作激情+任务导向型领导+工作繁荣+工作绩效。

由表5-2可知，将理论模型与竞争模型相比较，显示六因素模型的各项拟合指标达到统计学要求标准（χ^2/df=2.98，RMSEA=0.076，SRMR=0.074，CFI=0.912，TLI=0.904），六因素模型的拟合指标显著优于其他竞争模型。并且，单因素模型的拟合指标比较差（χ^2/df=28.24，RMSEA=0.161，SRMR=0.104，CFI=0.661，TLI= 0.643），不符合相关统计学指标，表明并不存在单一因子能够解释研究二所有变量的情况。

表5-2 研究二验证性因素分析结果

模型	χ^2/df	RMSEA	SRMR	CFI	TLI
六因素模型	2.98	0.08	0.07	0.91	0.90
五因素模型	4.42	0.09	0.07	0.87	0.86
四因素模型	6.60	0.12	0.08	0.85	0.84
三因素模型1	11.37	0.14	0.08	0.78	0.76
三因素模型2	14.60	0.14	0.08	0.76	0.75
双因素模型1	18.274	0.15	0.10	0.74	0.72
双因素模型2	23.91	0.16	0.10	0.71	0.70
单因素模型	28.24	0.16	0.10	0.66	0.64

注：N=614。

由于本研究采用问卷调查法测量各个研究变量，尚不能完全排除共同方法偏差，因此仍有必要进行Harman单因素检验。将问卷中涉及的所有要分析的题目一同放入SPSS软件，进行探索性因子分析，结果表明未旋转前提取的第一公因子值为39.24%，小于临界值。依照统计标准，说明研究二样本不存在严重的共同方法偏差。

5.4.2 描述性统计和相关分析

表5-3展示了本书所涉及的变量之间的相关关系。结果表明，使命践行与和谐工作激情（r=0.63，p<0.01）、强迫工作激情（r=0.51，p<0.01）、工作繁荣（r=0.60，p<0.01）、工作绩效（r=0.59，p<0.01）均呈显著正相关。从两种激情来看，和谐工作激情与工作繁荣（r=0.63，p<0.01）、任务导向型领导（r=0.58，p<0.01）和工作绩效（r=0.60，p<0.01）呈现显著正相关；强迫工作激情与工作繁荣（r=0.59，p<0.01）、工作绩效（r=0.54，p<0.01）及任务导向型领导（r=0.52，p<0.01）也呈现正相关关系。并且，任务导向型领导与工作繁荣（r=0.56，p<0.01）和工作绩效（r=0.57，p<0.01）也是正相关关系。另外，两种类型激情之间，即和谐工作激情与强迫工作激情也呈现显著正相关关系（r=0.52，p<0.01），说明两种激情也可能存在同向变化的关系。总体来看，上述各种相关性均符合理论预期的变量之间的关系，也为后续研究提供了初步证据。

在相关分析中，研究者发现个别变量之间的相关性高于0.5。为了避免样本数据可能存在的多重共线性问题，研究根据容忍度（Tolerance）和方差膨胀因子（Variance Inflation Factor，VIF）两个指标来诊断研究二的多重共线性。通过SPSS 25.0软件分析发现，变量的容忍度均大于0.1（0.42-0.97），VIF均小于2.5（1.04-2.38），由此，研究二的多重共线性问题可以忽略。

表 5-3 研究二各变量的均值、标准差和相关系数

变量	M	SD	1	2	3	4	5	6	7	8	9	10	11	12
（1）性别	1.51	0.50	1.00	—	—	—	—	—	—	—	—	—	—	—
（2）教育程度	3.01	0.89	0.10**	1.00	—	—	—	—	—	—	—	—	—	—
（3）年龄	2.97	0.87	−0.01	0.04	1.00	—	—	—	—	—	—	—	—	—
（4）婚姻状况	1.72	0.52	−0.00	0.01	0.58**	1.00	—	—	—	—	—	—	—	—
（5）工作年限	4.03	1.09	−0.02	−0.00	0.70**	0.54**	1.00	—	—	—	—	—	—	—
（6）与现任上级共事时间	6.05	4.02	−0.01	0.03	0.33**	0.25**	0.28**	1.00	—	—	—	—	—	—
（7）使命践行	5.86	1.37	−0.04	−0.06*	0.10**	0.07	0.08*	0.02	1.00	—	—	—	—	—
（8）和谐工作激情	6.06	1.22	−0.09**	−0.12**	0.04	0.05	0.04	−0.04	0.63**	1.00	—	—	—	—
（9）强迫工作激情	5.08	1.76	−0.10**	−0.08*	0.03	0.05	0.04	−0.02	0.51**	0.52**	1.00	—	—	—
（10）工作繁荣	5.89	1.23	−0.11**	−0.09**	0.04	0.06*	0.04	−0.02	0.60**	0.63**	0.59**	1.00	—	—
（11）工作绩效	6.10	1.10	−0.04	−0.04	0.09**	0.09**	0.08*	0.02	0.59**	0.60**	0.54**	0.60**	1.00	—
（12）任务导向型领导	5.99	1.23	−0.09**	−0.10**	0.01	0.03	0.02	−0.01	0.57**	0.58**	0.52**	0.56**	0.57**	1.00

注：N=614。*p<0.05，**p<0.01，***p<0.001。

5.4.3 假设检验

1. 直接效应检验

与研究一方法类似，通过SPSS分层线性回归检验使命践行分别对工作繁荣和工作绩效的直接影响。根据表5-4，在控制了员工的性别、受教育程度、年龄、婚姻状况、工作年限、与上级主管相处时间后，使命践行对工作繁荣（$\beta=0.99$，SE=0.03，p<0.001）和工作绩效（$\beta=1.09$，SE=0.03，p<0.001）的影响依然显著。数据显示，员工使命践行能够正向预测工作繁荣和工作绩效两个结果变量，因此，假设H1a和H1b均得到验证。

表5-4 研究二直接效应分析结果

变量	工作繁荣 模型1	标准误	工作繁荣 模型2	标准误	工作绩效 模型1	标准误	工作绩效 模型2	标准误
性别	-1.88*	0.60	-1.48***	0.41	-0.70	0.70	-0.26	0.51
教育程度	-1.24*	0.42	-0.59*	0.29	-0.80	0.50	-0.09	0.37
年龄	0.43	0.54	-0.02	-0.26	0.76	0.63	0.00	0.47
婚姻状况	0.96	0.72	0.80	0.50	1.28	0.84	1.10+	0.62
工作年限	-0.10	0.41	-0.25	0.29	0.10	0.48	-0.07	0.36
与现任上级共事时间	-0.01*	0.06	-0.07+	0.04	-0.04	0.07	-0.02	0.05
使命践行			0.99***	0.03			1.09***	0.03
R^2	0.20		0.32		0.12		0.26	
ΔR^2			0.12				0.14	

注：N=614，+p<0.10，*p<0.05，**p<0.01，***p<0.001。

2. 二元工作激情的中介效应检验

根据表5-5所示，使命践行对和谐工作激情的影响显著（$\beta=0.72$，SE=0.02，p<0.001），且和谐工作激情对工作繁荣（$\beta=0.63$，SE=0.04，p<0.001）和工作绩效（$\beta=0.55$，SE=0.05 p<0.001）的影响显著。同时，使命践行能够正向预测强迫工作激情的显著影响（$\beta=0.61$，SE=0.03，

$p<0.001$），且强迫工作激情对工作繁荣（$\beta=0.13$，SE=0.02，$p<0.001$）和工作绩效（$\beta=0.09$，SE=0.02，$p<0.01$）的影响也呈现显著。而此时，无论是使命践行对工作繁荣的直接影响（$\beta=0.19$，SE=0.03，$p<0.001$），还是使命践行对工作绩效的直接影响都是显著的（$\beta=0.14$，SE=0.04，$p<0.001$），说明和谐工作激情和强迫工作激情均部分中介了使命践行对工作繁荣的正向影响，并且，两种激情在使命践行对工作绩效的正向影响中也起到部分中介作用。

表5-5 研究二回归路径分析结果

变量	和谐工作激情 中介模型	强迫工作激情 中介模型	工作繁荣 中介模型	工作繁荣 调节模型	工作绩效 中介模型	工作绩效 调节模型
控制变量						
性别	−0.79**	−1.49**	−0.48	−0.48	0.64+	0.64+
受教育程度	−0.66**	−0.65*	0.14	0.14	0.73*	0.73*
年龄	−0.29	−0.60	0.27	0.27	0.63	0.63
婚姻状况	0.49	0.91	0.27	0.27	0.65	0.65
工作年限	−0.05	0.18	−0.29	−0.29	−0.15	−0.15
与现任上级共事时间	−0.07**	−0.06	−0.01	−0.01	0.05	0.05
自变量						
使命践行	0.72***	0.61***	0.19***	0.19**	0.14**	0.14**
中介变量						
和谐工作激情	—	—	0.63***	0.63***	0.55***	0.55***
强迫工作激情	—	—	0.13***	0.13***	0.09**	0.09**
调节变量						
任务导向型领导	—	—	—	0.46***	—	0.70***
交互效应						
和谐工作激情 × 任务导向型领导				−0.01**		−0.03***
强迫工作激情 × 任务导向型领导				0.01**		0.01**

注：N=614，表中呈现非标准化回归系数。+$p<0.10$，*$p<0.05$，**$p<0.01$，***$p<0.001$。

为进一步验证和谐工作激情和强迫工作激情在使命践行与工作结果变量之间的中介作用，采用Bootsrapping的方法对样本数据进行5000次重复抽样。结果见表5-6，使命践行通过和谐工作激情对工作繁荣的中介效应为0.65，95%置信区间为[0.56，0.74]；使命践行通过和谐工作激情对工作绩效的中介效应为0.79，且95%置信区间为[0.66，0.92]。使命践行通过强迫工作激情对工作繁荣的中介效应为0.10，置信区间为[0.06，0.14]；使命践行通过强迫工作激情对工作绩效的中介效应为0.09，置信区间为[0.05，0.13]。以上置信区间均不包括0，说明和谐工作激情和强迫工作激情的中介作用显著。由此，假设H2a、H2b、H3a、H3b得到验证。

表5-6 中介效应检验结果

模型	Effect	95%CI 下限	95%CI 上限
使命践行—工作繁荣	0.24	0.18	0.30
使命践行—和谐激情—工作繁荣	0.65	0.56	0.74
使命践行—强迫激情—工作繁荣	0.10	0.06	0.14
使命践行—工作绩效	0.22	0.14	0.30
使命践行—和谐激情—工作绩效	0.79	0.66	0.92
使命践行—强迫激情—工作绩效	0.09	0.05	0.13

注：N=614。

进一步比较使命践行通过和谐工作激情和强迫工作激情的双中介路径对工作繁荣的影响，结果显示，两种工作激情的总体中介效应为0.75，置信区间为[0.67，0.84]。对比两种激情，和谐工作激情的中介效应（0.65）要大于强迫工作激情的中介效应（0.10），而且两者的差值置信区间为[0.44，0.66]，不包含0，更说明了两条中介发挥作用存在差异，其中一条中介效应比另一条中介效应要显著，由此，证实了相较于强迫工作激情，和谐工作激情在使命践行与工作繁荣之间的间接效应更强。类似的，当比较两种激情在使命践行对工作绩效的影响时，总体中介效应为0.88，置信区间为[0.66，0.92]，其中，和谐工作激情的中介效应（0.79）要大于强迫工作激情的中介效应（0.09），而且二者的差值置信区间为[0.56，0.85]，不包含0，也说明了两条中介发挥作用存在显著差异。综上，二元工作激情的中介作用得到验证，且无论是在使命践行与工作繁荣之间还是工作绩效之间，和谐激情都发挥着更强的中介作用，因此，假设H2c和H3c均通过验证。

3. 调节效应检验

根据表5-5，在使命践行正向影响工作繁荣的关系中，和谐工作激情与任务导向型领导的乘积项对工作繁荣产生显著负向影响（$\beta=-0.01$, SE=0.03, $p<0.01$），说明任务导向型领导会减弱和谐工作激情与工作繁荣之间的正向关系，即在高水平任务导向型领导氛围影响下，员工的和谐工作激情倾向于降低了工作繁荣。为进一步揭示任务导向型领导的调节作用，研究二进行了简单斜率检验，以便更直观描述不同个体在任务导向型领导行为感知水平下，和谐工作激情对工作繁荣的影响效应的不同。结果见图5-1，相较于高水平任务导向型领导氛围，在低任务导向型领导影响下，和谐工作激情对工作繁荣的正向影响更强。这一点与研究预期所设想的正向调节作用不一致，因此，假设H4a没有得到数据支持。

依据表5-5，强迫工作激情与任务导向型领导的乘积项对工作繁荣产生显著正向影响（$\beta=0.01$, SE=0.003, $p<0.05$），说明任务导向型领导起到正向调节作用，即在高任务导向型领导氛围影响下，员工的强迫工作激情更容易带来工作繁荣。见图5-2，相较于低任务导向型领导氛围，在高任务导向型

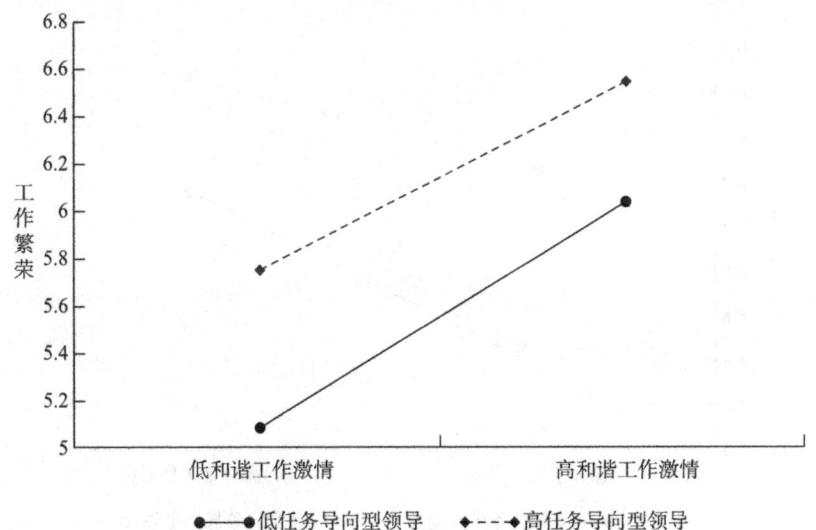

图5-1 任务导向型领导在和谐工作激情与工作繁荣中的调节效应

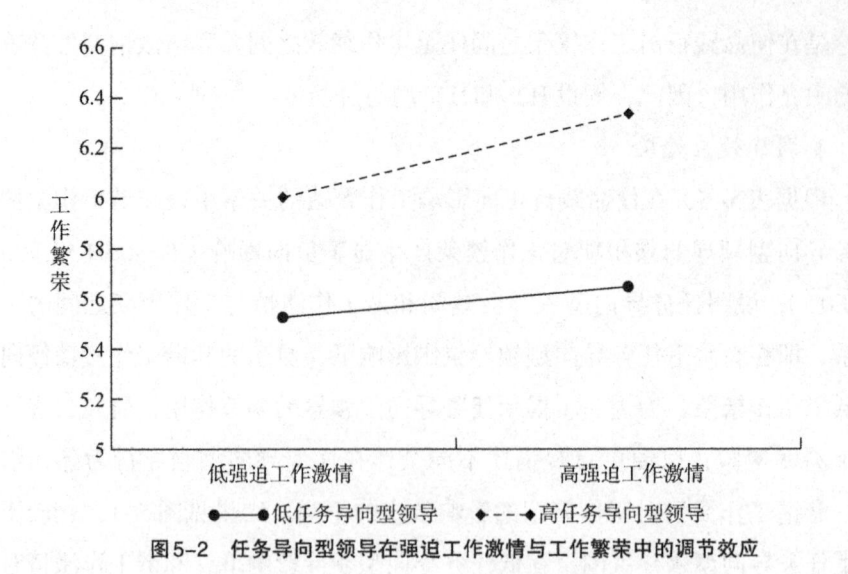

图 5-2　任务导向型领导在强迫工作激情与工作繁荣中的调节效应

领导影响下，强迫工作激情对工作繁荣的正向影响更强。因此，与研究预期一致，假设H5a得到验证。

依据表5-5，和谐工作激情与任务导向型领导的交互项对工作绩效的影响显著（$\beta=-0.03$，SE=0.003，$p<0.001$），说明任务导向型领导起到显著负向调节作用，而不是研究预期所设想的正向调节。在简单斜率检验中，见图5-3，相

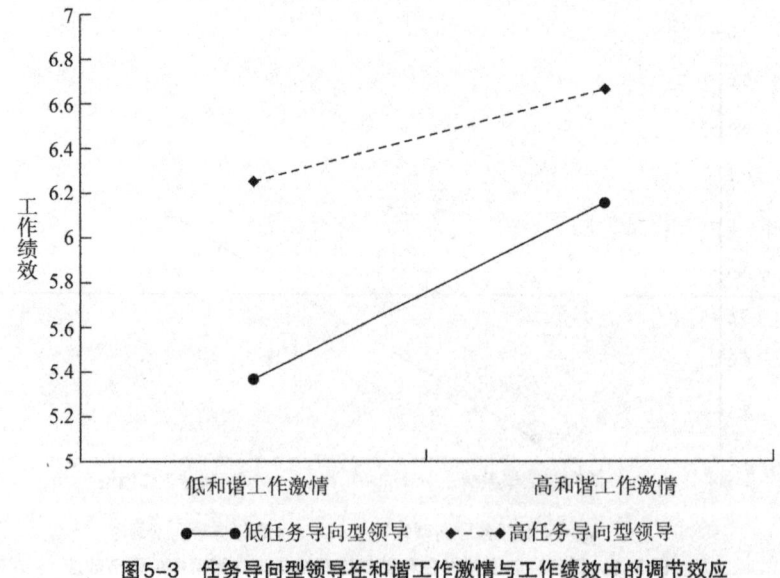

图 5-3　任务导向型领导在和谐工作激情与工作绩效中的调节效应

较于高任务导向型领导氛围，在低任务导向型领导影响下，和谐工作激情对工作绩效的正向影响更强。由此可见，与研究假设不一致，假设H4b未得到验证。

依据表5-5，强迫工作激情与任务导向型领导的交互项对工作绩效产生显著影响（$\beta=0.01$，SE=0.004，$p<0.05$），表明任务导向型领导起到了正向调节作用，该领导行为会增强强迫工作激情与工作绩效之间的正向关系。通过图5-4明显看出，相较于低任务导向型领导氛围，在高任务导向型领导影响下，强迫工作激情对工作绩效的正向影响更显著。据此，假设H5b得到了数据支撑。

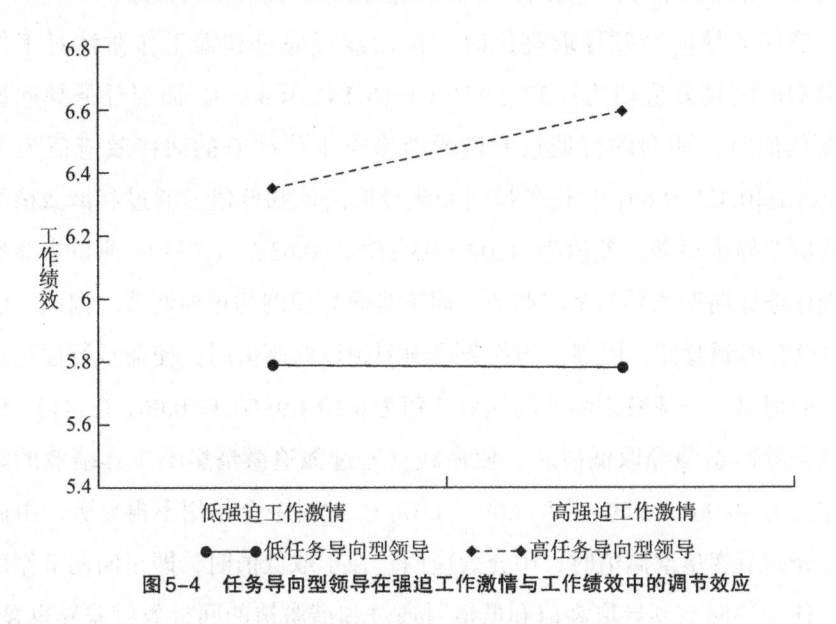

图5-4 任务导向型领导在强迫工作激情与工作绩效中的调节效应

4.有调节的中介效应检验

最后，研究二同样使用Bootstrapping方法构建了能够代表原样本的新样本并用于检验被调节的中介模型，表中给出了在调节变量不同取值的情况下，两种工作激情作为中介变量在不同路径下的间接效应。表5-7的结果显示，当任务导向型领导高时，使命践行通过和谐工作激情对工作繁荣影响的间接效应值为0.41（95%CI=[0.28，0.55]），而当任务导向型领导低时，使命践行通过和谐激情影响工作繁荣的间接效应值为0.50（95%CI=[0.41，0.59]），但是任务导向型领导取高值和低值时通过和谐激情的间接效应差异为-0.01，置信区间（95%CI=[-0.01，0.0003]），包含了0，所以显示和谐工作激情的中介作用没有受到任务导向型领导的调节。因此，假设H4c没有得到验证。同时，任务导向型领导高时，使命践行通过强迫激情影响工作繁荣的间接效应值为0.11（95%CI=[0.06，0.16]），而取低值时，使命践行通过强迫激情影响工作繁荣的间接效应值为0.04（95%CI=[-0.01，0.10]），包含了0，此时中介效应不再显著。任务导向型领导取高值和低值时通过强迫激情的间接效应差异为0.01，置信区间（95%CI=[-0.003，0.01]），也包含了0，说明被中介的调节作用不显著，因此，假设H5c也未得到验证。

当任务导向型领导取高值时，使命践行通过和谐工作激情对工作绩效影响的间接效应值为0.27（95%CI=[0.14，0.42]），而当任务导向型领导取低值时，使命践行通过和谐激情影响工作绩效的间接效应值为0.53（95%CI=[0.42，0.65]）。任务导向型领导取高值和低值时通过和谐激情的间接效应差异也显著，差值为-0.02（95%CI=[-0.03，-0.01]），所以中介作用受到任务导向型领导的负向调节，而不是研究预期的正向调节。因此，假设H4d没有得到验证。同理，当任务导向型领导取高值时，使命践行通过强迫工作激情对工作绩效影响的间接效应值为0.10（95%CI=[0.06，0.14]），但是当任务导向型领导取低值时，使命践行通过强迫激情影响工作绩效的间接效应值为-0.003（95%CI=[-0.09，0.07]），此时中介作用不再显著，由此说明中介调节变量取高值时，中介效应明显强于取低值时，即正向调节作用显著。任务导向型领导取高值和低值时通过和谐激情的间接效应差异也显著，差值为0.01（95%CI=[0.004，0.02]），由此可知，假设H5d得到验证。

表5-7 研究二调节的中介效应结果

因变量	中介变量	调节变量	Effect	SE	95%CI下限	95%CI上限
工作繁荣	和谐工作激情	高值	0.41	0.07	0.28	0.55
		低值	0.50	0.04	0.41	0.59
		差值	-0.01	0.003	-0.01	0.0003
	强迫工作激情	高值	0.11	0.02	0.06	0.16
		低值	0.04	0.03	-0.01	0.10
		差值	0.01	0.003	-0.003	0.01

续表

因变量	中介变量	调节变量	Effect	SE	95%CI 下限	95%CI 上限
工作绩效	和谐工作激情	高值	0.27	0.07	0.14	0.42
		低值	0.53	0.06	0.42	0.65
		差值	−0.02	0.005	−0.03	−0.01
	强迫工作激情	高值	0.10	0.02	0.06	0.14
		低值	−0.003	0.04	−0.09	0.07
		差值	0.01	0.004	0.004	0.02

注：N=614。

5.5 本章小结

本书通过较为规范的统计分析程序对数据进行了深入分析，并对研究二涉及的16个研究假设逐一进行了验证，结果详见表5-8。

表5-8 研究二假设检验结果

序号	假设内容	结果
H1a	使命践行能够显著正向影响工作繁荣	支持
H1b	使命践行能够显著正向影响工作绩效	支持
H2a	和谐工作激情在使命践行与工作繁荣之间起到中介作用	支持
H2b	强迫工作激情在使命践行与工作繁荣之间起到中介作用	支持
H2c	相较于强迫工作激情，和谐工作激情在使命践行与工作繁荣之间的中介作用更强	支持
H3a	和谐工作激情在使命践行与工作绩效之间起到中介作用	支持
H3b	强迫工作激情在使命践行与工作绩效之间起到中介作用	支持
H3c	相较于强迫工作激情，和谐工作激情在使命践行与工作绩效之间的中介作用更强	支持
H4a	任务导向型领导正向调节了和谐工作激情与工作繁荣之间的关系	不支持（负向调节）
H4b	任务导向型领导正向调节了和谐工作激情与工作绩效之间的关系	不支持（负向调节）

续表

序号	假设内容	结果
H4c	任务导向型领导正向调节了使命践行与工作繁荣之间经由和谐工作激情的中介作用	不支持
H4d	任务导向型领导正向调节了使命践行与工作绩效之间经由和谐工作激情的中介作用	不支持（负向调节）
H5a	任务导向型领导正向调节了强迫工作激情与工作繁荣之间的关系	支持
H5b	任务导向型领导正向调节了强迫工作激情与工作绩效之间的关系	支持
H5c	任务导向型领导正向调节了使命践行与工作繁荣之间经由强迫工作激情的中介作用	不支持
H5d	任务导向型领导正向调节了使命践行与工作绩效之间经由强迫工作激情的中介作用	支持

基于以上，研究结果证实了使命践行对个体工作场所结果变量的显著预测作用，即使命践行既能够显著正向预测工作繁荣，也能够积极预测工作绩效。并且，两类工作激情（和谐激情和强迫激情）发挥了重要的中介作用：使命践行通过两种工作激情的中介作用正向影响工作繁荣，同时使命践行又通过两类工作激情正向预测了绩效。比较两种激情所发挥的效应值，发现无论在使命践行影响工作繁荣的作用机制下，还是使命践行在影响工作绩效的作用机制下，与强迫工作激情相比，和谐工作激情均发挥较高程度的中介效应。另外，本书还发现了影响两种激情到结果之间关系的调节变量，即任务导向型领导能够显著调节两种激情分别对工作繁荣和工作绩效的影响，但其调节作用发挥方向有所不同：在强迫激情影响工作繁荣和工作绩效的关系中，任务导向型领导起到正向调节作用；在和谐工作激情影响工作繁荣和工作绩效的关系中，任务导向型领导则起到负向调节作用。最后，任务导向型领导对使命践行经由和谐工作激情影响工作繁荣的关系中未起到调节作用，在使命践行经由强迫工作激情影响工作繁荣的路径中的调节中介作用也未得到检验。但是，在使命践行与工作绩效之间经由强迫激情的中介作用则受到了任务导向型领导的显著正向调节，并且，在使命践行与工作绩效之间经由和谐激情的中介路径中，任务导向型领导也起到了负向调节作用。由此说明，任务导向型的管理者在使命践行影响工作绩效的路径下能发挥更为显著的调节效应。

第 6 章
结论与展望

本书通过对使命践行等相关文献的梳理，进一步构建了组织内员工使命践行的前因、后效，以及作用机制的综合研究模型，并进一步遵循较为科学的研究方法进行了系统分析。本章首先详细阐述本书的重要结论，并结合理论和现有文献分析结论的合理性；其次探讨可能存在的研究价值与贡献，并结合当前企业面临现实情境分析本书引发的管理实践启示；最后，针对本书存在的潜在局限和不足进行反思和总结，并尝试分析未来努力的方向。

6.1 研究结果与讨论

总体来看，研究一着重揭示了使命践行的驱动机制，验证了有调节的中介模型；研究二聚焦使命践行的影响效果，检验了双中介模型，以及后半段的调节作用。本书共涉及20个假设，其中15个假设获得数据支持，5个假设没有得到验证。主要的研究结果将陈述如下。

6.1.1 授权赋能型领导驱动下属员工使命践行

个体使命践行的影响要素来自多方面，现有文献提到了内心强烈的使命感动机、工作机会的选择、对工作意义和能力的感知，以及社会化环境等（刘晨，周文霞，2022）。员工是否有能力践行自己的使命往往会受到所处工作环境的影响（Duffy and Autin，2013），能够在工作环境中提供机会、促进能力提升和增强意义感知的是授权赋能型领导。从本质上来看，授权赋能型领导反映的是一个心理层面的动机性构念，而使命践行也具有强烈的内在动机指向，因此，二者从理论上讲能够从内在动机角度产生一定关联。进一步考察授权赋能型领导特征，发现该领导既涉及权力的授予和下放，又包含了通过组织管理实践、信息共享和建立信任感提高员工自我效能感。由此可知，这种领导风格与行为方式恰好与使命践行需要的诱因（机会、资源、能力等）实现了较好地契合。现有文献也表明了授权赋能型领导为员工创造了激发内在动机和开发心智模式的授权赋能环境，更容易对个体感知和行为产生积极影响（丁越兰，苏剑，王静，2020）。不仅如此，从社会交换理论角度来看，当员工感受到了领导给予的支持和关爱时，就会愿意呈现出更多积极行为，以此反馈和回报领导的优待，于是，员工会更加努力并以积极的态度对待工作，增加了对工作内容的认同感，并与自身使命感融合在一起，进而更容易感受到目前从事的工作是与自己内心使命感相一致的。

因此，关于本书研究结果，即授权赋能型领导对员工使命践行具有正向影响，该发现具有合理依据和理论基础。无论基于理论还是现实情境，都可以说明，领导表现出越多的授权赋能行为，员工就会有更多的机会践行自身的使命。

6.1.2 工作意义感在授权赋能型领导与员工使命践行之间起到部分中介作用

本书研究结论进一步回答了工作意义感在授权赋能型领导能够在对员工使命践行的影响中起到部分中介作用，即授权赋能型领导可以通过工作意义感的中介作用，进而促进员工使命践行。该结论可以解释为，授权赋能型领导通过采取增加工作自主权和决策权、分享和沟通工作信息、指导员工能力提升和创新等种种管理行为，让员工有更多机会和信心去选择和从事自己认为有价值的工作活动，从而增加工作意义感体验。同时，这些管理措施也让员工感知到来自领导的关怀与重视，对领导行为的这种正向认知会让员工产生更积极的工作态度与情感，从而体会工作的意义，最终激发个体使命践行行为并增强使命。

在组织层面，领导是很重要的因素，领导通常在与下属频繁互动中对下属产生潜移默化的影响，有益于构建较为和谐一致的目标和价值观，有助于提升员工意义感（丁越兰，苏剑，王静，2020），由此也说明授权赋能型领导直接影响员工对工作内在感知的可能性。

大量研究结论表明，工作意义感的获得也是影响使命践行的一个重要前因（Duffy, Bott, Allan and Torrey, 2012; Duffy, Allan, Autin and Bott, 2013）。工作意义中的任务意义是指员工认为自己的工作对他人有积极影响的想法，从而产生内心的信念感（杨会，2021），这能够与使命感含义中强调的目的和意义追求产生契合，因此，工作价值与个人使命意义产生联结，进一步让员工坚信当下所从事的工作就是自己的使命，可以为之奋斗终身，从而产生践行自身使命的感知。

另外，工作意义感在授权赋能型领导对员工使命践行影响中没有起到完全中介作用，其可能的解释在于，员工对于使命践行的感知受到多种因素的影响，而且，授权赋能型领导影响员工对工作的内在感知也体现在多个方面，例如授权赋能型领导也可以带来工作认同、满意度和组织承诺等（丁越兰，苏剑，王静，2020），可能除了工作意义感这一非常重要动机来源，还可能存在其他作用于授权赋能型领导与使命践行之间的中介因素。

综上，可以得出，个体的职业/工作使命感得以实现并不是一蹴而就的过程，拥有工作使命感的员工通常会把组织中的工作当作自己需要履行的责任和实现抱负的平台。在这个工作平台下，授权赋能型领导通过营造适宜的工作环境和组织氛围，通过增强员工对工作意义的感知，进而激发员工的使命践行感知。

6.1.3　领导—成员交换关系在使命践行驱动机制中起到调节作用

本书不仅考察领导行为如何影响员工，还探讨了哪些边界条件对这种影响起到制约作用。本书基于中国社会背景，并将领导与员工的上下级关系视为一个不可忽视的考察因素，因此选取领导—成员交换作为调节变量，分别验证了领导—成员交换对授权赋能型领导与工作意义感、授权赋能领导行为与员工使命践行之间关系的正向调节作用。领导—成员交换的核心思想是：组织内受到资源的限制，领导者会与不同追随者发展差异化的社会交换关系，因此，LMX本质上体现上下级互动关系的质量。当考察特定领导风格对下属结果变量的影响时，领导与下属的关系质量必然会影响领导风格的作用效果。针对授权赋能型领导，一些研究表明，领导授权行为客观上是一种上级和下属互动的结果，领导是否授权于下属往往受到员工人格类型、行为方式、双方关系和情境等方面的影响，下属员工的领导—成员交换关系、主动性和能力对授权型领导产生正向影响，LMX对于获得上级的授权最为重要（李绍龙，孙芳，朱思，2018）。由此可知，即便授权赋能型领导是一种积极的领导风格，注重给员工提供机会和支持，但由于领导风格和行为受个体、情境等多种因素的影响，加上组织资源有限，领导难以避免地会对员工形成差别对待。这种互动关系的差异带来的直接影响便是领导所提供的机会、资源、情感关怀等支持会因人产生不同的效果。作为互动关系中的另一方感知者，员工在各种因素的影响下，基于不同质量的上下级关系，会形成不同程度的感知差距。互动关系质量高的内部人，更容易形成对领导积极的感知和预判，因此，高水平LMX影响下，授权赋能型领导更容易让员工感知工作的意义感进而促进使命践行的感知。对于低领导—成员交换关系的员工而言，感知工作意义和使命践行的程度都相对较低。另外，随着授权赋能型领导水平逐步提高，不同领导—成员交换水平下的工作意义感知与使命践行的差距逐步拉大。

由此看来，本书关于LMX起到正向调节的研究结果，是能够进行合理阐释的。上下级关系质量起到调节作用的结果验证表明，可以从作用机制和边界条件这条更为完整的链条去阐释和看待领导行为对员工的影响，因此对使命践行的驱动机制也有更为完整和深入的理解。

6.1.4 使命践行通过二元工作激情的中介作用对工作繁荣和工作绩效产生积极影响

本书通过数据检验得出，组织中员工使命得以践行，能够积极预测工繁荣和工作绩效。使命践行能使员工激发出和谐工作激情，也能使员工产生强迫工作激情，使命践行与以上两种工作激情显著相关。二元工作激情同时对工作繁荣和工作绩效产生了积极影响。也就是说，在使命践行正向影响工作繁荣的关系中，和谐和强迫两种工作激情同时起到中介作用，并且，在使命践行正向影响工作绩效的关系中，两种激情也起到双中介作用。

（1）使命践行作为一种积极心理构念，意味着具有工作使命感的员工对自身使命实现的强烈需求与期望。根据自我决定理论，使命践行的过程满足了员工的自主、能力和归属三种基本需求，需求满足会促进动机内化，而动机内化方式不同会引起不同类型的激情。具体来看，自主性内化会带来和谐激情，控制性内化会引发强迫动机产生，两种激情会对个体态度、行为、绩效，以及工作—家庭界面产生一系列影响。根据二元工作激情理论，无论是和谐工作激情，还是强迫工作激情，都可能引发不同结果。虽然两种激情的动机内化方式不同，但是作为工作激情，二者都包含了对从事某项活动的强烈倾向和意愿，代表人们愿意在工作中投入时间和精力的强烈情绪，所以在员工的工作态度和行为方面有一定的预测和指向。据此，本书关于使命践行通过两种工作激情的中介作用进而影响工作繁荣和工作绩效的这一结果，在理论上是可以获得合理解释的。

（2）需要特别注意的是，通过本书的数据证实，无论是和谐工作激情还是强迫工作激情都能够引发特定工作场所的积极结果（工作繁荣和工作绩效）。和谐工作激情代表了个体对充满激情活动的自主性认同，使其体验到从事活动的决断感和认同感，从而带来更多积极适应性结果。现有多数研究也印证了这一观点。强迫激情代表了一种控制，在这种情况下个体被激情控制，产生更多非适应性的工作结果，例如增加的工作负荷不利于人们在工作场所对幸福产生感知，高工作耗竭不利于员工的身心健康等，甚至容易与个体生活中的其他活动产生冲突（杨仕元，卿涛，岳龙华，2018）。尽管如此，有少量研究也发现强迫工作激情对积极结果的预测，有研究指出和谐激情和强迫激情都有助于提升新生代员工的组织认同感，并且两种激情都可以带来绩效的提升（李晓鹏，2021）。由此看来，现有研究对于强迫工作激情的认知和研究成果没有形成共识。本书依据二元工作激情理论和现实情境认为，无论哪一种工作激情，都体现了从事某项活动的强烈意愿，关注的角度和投入对象都是工作活动，而工作活动中的投入、精力、能量等又与工作繁荣和工作绩效存在密切关联，因此，强迫工作激情也存在对工作繁荣和工作绩效产生积极影响的可能性。需要注意的是，使命践行的隐含前提是使命感，本书聚焦的是组织中具有工作使命感的员工群体，根据Duffy和Dik（2013）的观点，使命感的含义中包含了强烈的意义、目的和亲社会意图三种重要成分。由此，也能够在一定程度上解释，即使强迫工作激情可能会引发工作倦怠，不能像和谐工作激情那样营造较好的和谐关系，但是在使命感驱动下，仍然会充满动力，令员工做出一些利他行为，也会促进周边绩效。除此之外，工作繁荣作为一个心理构念，具有动态变化性，随着个体感知的不同而随时发生变化。因此，从长期来看，强迫激情由于偏执受控的工作方式可能导致工作倦怠。然而，由于个体感知的不断变化，在某个特定时间点测量时，员工依然可能会感到精力充沛。综上，无论是"心甘情愿"工作还是"迫不得已"工作，都可以带来个体在工作中的成长与绩效提升。

（3）在进一步比较二元工作激情在使命践行影响工作绩效和工作繁荣的中介效应时，发现在从使命践行到工作繁荣这条路径上，和谐工作激情的中介效应值明显大于强迫激情的中介效应；在从使命践行到工作绩效的这条路径上，和谐工作激情的中介效应也要高于强迫激情的作用。据此可以得出，在使命践行对工作结果的影响关系中比较两种激情的中介作用，显然和谐工作激情所发挥的间接效应会更显著。这一点也可以从和谐工作激情员工的特点上理解，具有和谐工作激情的员工发自内心地热爱自己的工作，被内在动机驱使，而强迫工作激情源于附加在工作上的条件而"热爱"工作，处于一种压力下，因此根据自我决定理论中的有机整合理论，相较于强迫激情产生的外部动机，和谐激情所引发的自主性动机对个体的激励作用会更强。

6.1.5 任务导向型领导在两种激情与工作结果之间起到"双刃剑"调节作用

个体使命践行对工作结果的作用机制也会受到边界条件的影响。本书从二元工作激情特点出发，结合工作绩效和工作繁荣的聚焦内容，从关注工作任务的角度，选取任务导向型领导作为调节变量，验证了任务导向型管理者在二元工作激情与工作繁荣和工作绩效之间起到的权变影响。

（1）本书证实了任务导向型领导在强迫激情与工作繁荣、强迫激情与工作绩效之间起到了显著的正向调节作用，即高水平的任务导向型领导氛围促进了强迫激情员工的工作繁荣和工作绩效。具体来看，任务导向型领导的特征是帮助员工清晰地界定工作角色和工作目标，为了更好地完成工作给予员工信息和安排，这些具体的目标指示清楚地指出了员工完成工作任务、达成目标的方法。强迫激情来自对活动和个人身份的控制内化（Deci and Ryan，2000），最终使个体放弃和遗忘自我而不得不去参与这项激情活动，对工作活动表现出一种执的坚持行为（马可逸，2021），他们将工作视为追逐外部动机（例如社会期待、自尊、地位提升等）的一种手段，希望通过工作的完成来获得期望的回报。从这一点看，强迫激情个体容易导致偏执，蛮干而不得方法。在任务导向型领导清晰、明确的工作指导下，能够帮助强迫激情员工更好地聚焦工作任务，掌握方法步骤，提高工作效率，从而有助于绩效提升。同时，当强迫激情员工感知到上级主管能够帮助自己厘清目标、制订计划、掌控进度并提供监督指导时，就会感觉自己受到领导的关照和帮助（杨仕元，卿涛，岳龙华，2018），从而有助于减轻工作压力。从资源保存理论出发，具有强迫激情的员工因控制内化过程而产生个体压力，因应对压力而消耗资源。此时，来自上级的工作支持，尤其是针对工作活动的说明和指导，相当于为员工提供了及时的工作资源，能够为充满执念的员工减轻所承受的工作压力，一定程度上缓解个体资源消耗，起到补充能量的作用，有助于员工的活力提升和学习发展。另外，任务导向型领导为团队目标设立标准，也为团队提供了上下较为一致的行动基调，利于达成工作方面的共识，减少摩擦，从而形成较为有效的工作氛围，在一定程度上增强了具有强迫激情的员工提升其周边绩效。从调节效应图也可以看出，随着任务导向型管理特质增强，强迫激情对上述两个结果变量的预测作用愈加凸显。

（2）在和谐工作激情所发挥的中介路径中，本书发现任务导向型领导在和谐工作激情与工作繁荣之间，以及工作绩效之间起显著负向调节作用，也就是说，在低水平的任务导向型领导氛围影响下，具有强迫工作激情的员工更容易带来工作繁荣和工作绩效。这一结论与研究预期的正向调节作用不一致。通过进一步梳理文献发现，此结论也可以得到合理的理论阐释，原因在于：

第一，和谐激情本质上是指外部动机向身份认同的自主性内化。如果个体在没有外界压力的情况下，发自内心地认同工作活动和价值，并带着积极情绪投入工作，这种动机内化过程可激发其自主参与工作。拥有和谐工作激情的员工通常更加灵活和自主地参与工作。当这些受传统文化影响的员工面对上级的指导和支持时，往往将领导视为组织和权威的象征，并将领导行为视为组织的决定和措施。在显著的任务导向型领导影响下，员工可能产生资源收益循环，对组织提供的资源依赖性更强，从而降低了他们追求工作活力、自主学习和追求绩效的动机倾向。这一点可以从"过度辩护效应"（Overjustification Effect）中找到解释。在任务导向型领导的激励下，这种外在动机可能会降低行为的内在动机。

第二，在中国重视关系的文化背景下，具有和谐工作激情的员工在受到上级领导给予的工作指导、感受到来自上级的重视时，可能陷入"上级支持—下级努力"的循环（马丽，马可逸，2021），为了不辜负上级领导期望，会更加努力地投入工作。本身具有和谐激情的员工对自身工作活动具有较为自主的安排和选择，在任务导向型领导的干预下，反而失去了部分选择权。甚至，为了成为领导的"意中人"，具有和谐激情的员工还可能经受更多的工作负担（彭坚，王震，2018；马丽，马可逸，2021），从而降低了对工作的积极体验。可见，当践行使命的员工对工作充满和谐激情时，领导表现出更高程度的任务导向行为并不一定就越有效果。任务导向型领导一方面增强了具有强迫工作激情的员工对积极工作结果的影响，另一方面又减弱了具有和谐工作激情的员工对于积极工作结果的影响，所以，任务导向型领导在二元工作激情对结果的影响中起到的调节作用呈"双刃剑"。

（3）在考察被调节的中介效应时，得到的结论是：在使命践行通过二元工作激情影响工作绩效的路径中，调节的中介作用显著；但在影响工作繁荣的路径中，调节的中介作用不显著。究其原因可能在于任务导向型领导高度关注工作任务完成的领导风格和行为，对工作绩效的提升具有更为直接的影响，由此可以说明，相较于工作繁荣的路径，任务导向型领导在绩效这一路径中发挥的作用更加明显。

6.2 理论贡献

6.2.1 拓展了WCT理论并进一步丰富了使命践行领域的研究

本书聚焦使命践行这个使命感领域的新议题，进行了较为深入、具体的挖掘，从而为使命感及使命践行的相关研究提供一定的理论依据。

（1）目前使命感研究领域关注到了使命践行是连接使命感与各种积极结果的重要变量，"做"并"展现"出来的使命感才是更具价值和意义的（刘晨，周文霞，2022），由此充分说明使命践行所具有的重要意义和价值。现有研究涉及使命感、职业/工作因素（职业承诺、工作意义感、人岗匹配）和社会化因素三方面对于个体使命践行的影响，但是目前对影响因素的研究视角不够丰富，实证结果也比较匮乏。并且，对前因发挥作用的内在机理揭示不足，仅有少量研究提到了使命感可以通过工作意义感、职业承诺的中介作用带来使命践行（Duffy, Douglass, Gensmer, England, Kim, 2019；杨会，2021）。由此可见，当前形势下对于使命践行的探讨远远不能满足学界的需求和现实的渴望。本书结合使命践行领域目前最有影响力的工作使命感理论（WCT），以使命践行为核心变量，总结了使命践行的影响因素与影响效果。该理论将使命感知作为一个重要的前因变量，阐述了使命感知通过人岗匹配和工作意义感的中介作用，从而促进使命践行。因此，该模型能够帮助研究者更好地理解使命践行的形成过程与产生的影响，但是，具有使命感的个体并非一定能顺利实现其内在使命。为了实现使命感，个体需要去化解工作中的困难（倪旭东，杨露琳，2021），而化解工作困难需要得到组织的支持。本书在工作场所心理理论和WCT理论的基础上，从组织环境中的领导者入手，选取授权赋能型领导作为使命践行的前因变量，基于意义感获得的路径，揭示了授权赋能型领导通过工作意义感的中介作用进而驱动个体的使命践行。与以往研究不同，本书跳出局限于个体特征对使命践行影响的探讨，首次将领导行为作为使命践行的前因，进一步揭示了在这种特定领导行为影响下员工的心路历程，以及对个体使命践行的驱动。考察领导行为对使命践行的影响机理，可以帮助研究者拓宽思路，从更广阔的组织层面看待员工使命践行问题，同时对WCT理论中关于使命践行的前因框架提供一定拓展和补充。

（2）目前对于使命践行边界调节的研究也鲜有问津。一方面，在使命感对使命践行的影响过程中，仅有个别研究提到使命感激励性、工作重塑、组织支持感可能对使命践行起到调节作用（Duffy, Dik, Douglass, England and Velez, 2018），但仅停留在理论方面。实证研究中仅个别文献验证了职业导师（Ehrhardt and Enshe, 2021）、结果反馈（杨会，2021）在前因中发挥的调节作用，由此看来，有必要进一步澄清使命践行过程的边界条件。本书基于社会交换和社会比较视角，揭示了领导—成员交换这一体现互动关系质量的变量在领导行为影响使命践行过程中起到的正向调节作用，也为使命践行前因的边界条件研究提供了重要参考。另一方面，在使命践行影响作用中，国内外有关实证研究都未涉及调节因素的探讨和验证。考虑到在工作情境下，领导者与下属的关系最为紧密（倪旭东，杨露琳，2021），本书聚焦任务导向型领导，考察该种领导风格在使命践行影响效果中所发挥的调节作用，从而在使命践行发挥作用的边界条件研究方面进行了有效的实证补充，有助于进一步推动使命践行领域的研究。

（3）现有使命感作用效果研究已经积累了大量成果，使命感能够对职业心理、职业能力和职业产出带来积极影响（杨付，刘清，2021），而使命践行作为预测各种工作结果的更为直接的前因变量（刘晨，周文霞，2022），必然也会对个体和工作产生深远影响。考察使命践行影响效果发现，其影响结果主要体现在身心健康、情感态度和工作行为三方面，研究成果不够丰富，且主要关注其直接效应，欠缺对中介机制的论证。结合当前员工更注重个体内在成长，而组织更关心绩效的提升，由此本书将上述两方面作为考察的结果。鉴于工作繁荣是个体成长和进步的标志，而组织绩效需要个体绩效的推动，因此将使命践行细化为工作繁荣和工作绩效两个结果变量。依据二元工作激情理论，构建了使命践行通过二元工作激情进而影响个体内在成长和外在绩效发展的研究模型，通过对其作用机制和边界条件的阐释，为更加深入理解使命践行的影响效果起到重要参考作用。

基于以上，可以看出，本研究进一步丰富了使命践行领域的研究成果，将使命践行的前因拓宽到组织环境中领导者因素，并且在对工作繁荣和工作绩效的影响机制的探究中丰富了使命践行的后效研究，从而对使命践行过程进行更为全面的审视，有助于使命践行领域研究的深化。另外，针对现有使命践行研究大多基于西方组织情境展开，因此，本书也为使命践行的本土化研究提供了理论基础和实证参考。

6.2.2 进一步深化了对领导有效性的认识

在领导学研究和企业管理实践中，领导有效性一直是备受关注的研究话题之一。作为评估领导者行为有效性程度的宽泛概念（王震，孙健敏，赵一君，2012），现有研究大多聚焦认知视角，从领导风格、行为的角度去考察领导者有效性。在领导学研究领域中，最突出的体现就是层出不穷的积极领导风格，比如变革型领导（李超平，时勘，2005）、服务型领导（高中华，赵晨，2014）、伦理型领导、自我牺牲型领导（Hoogervorst, De Crremer, Van Dijke, and Mayer, 2012）、包容性领导（唐宁玉，张凯丽，2015），等等。大量研究证实了这些领导风格对工作场所的积极影响。本书考察了两种领导行为在使命践行的驱动机制和影响效果中分别发挥的不同作用。

（1）本书将授权赋能型领导作为前因，运用实证研究方法首次将使命践行的影响因素拓展到了组织环境中的授权赋能型领导。在工作情境中，领导者与员工的关系最为密切（倪旭东，杨露琳，2021），来自组织支持尤其是来自领导的支持有助于个体与环境的匹配，因此领导者成为对员工个体施加影响的重要考量因素。本书选取了授权赋能型领导作为影响个体使命践行的重要驱动因素，从意义感视角，阐释了授权赋能型领导通过工作意义感的中介路径从而影响个体使命践行。进一步来说，使命得以践行又能够促进个体实现工作繁荣和高水平工作绩效。从内容层面考察领导有效性时，需考虑其对情绪、感知态度和行为的影响，而工作繁荣、工作绩效正是上述因素的体现。由此，从授权赋能型领导到使命践行，再到工作绩效和工作繁荣的研究过程，实际上体现了领导行为通过影响员工的感知从而提升了人们对领导有效性的感知的过程（蒋旭婷，贺伟，蒿坡，2021）。由此看来，本书拓宽了授权赋能型领导的效用范围，将其影响结果与作用机制延伸至使命践行领域，也为理解授权赋能型领导有效性提供了使命践行领域的新的阐释视角。

（2）本书还考察了任务导向型领导在使命践行影响效果中发挥的边界条件作用，即任务导向型领导能够产生"双刃剑"效应。作为一个重要的权变因素，具备强烈任务导向型特征的管理者能够促进具有强迫激情的员工实现工作繁荣和工作绩效，但是却不能推动具有和谐激情的下属实现繁荣状态和较佳的绩效表现，甚至还会降低具有和谐工作激情的个体追求工作繁荣和工作绩效的倾向。从某种程度上，任务导向型领导对具有强迫工作激情的员工起到"雪中送炭"的作用，但对具有和谐激情的员工难以起到"锦上添花"的作用，由此可以将任务导向型领导视为一把"双刃剑"。任务导向型领导发挥调节效应时所具有的这种两面性潜质，是本书的重要发现之一。纵观现有的任务导向型领导研究，作为领导行为二分法下关注任务导向行为的领导风格，自1945年被Stogdill和Shartle提出以来，相关研究成果积累仍然非常有限。现有研究中仅提到了任务导向型领导对工作投入（Pearce, 2003）、创新行为（Katherine, Andrew, Jonathan, Ziegert, Beng and Jessica，2011）、工作绩效（邓显勇，2009；凌文辁等，2010）的预测作用，以及有利于减少冲突（Jehn，2003）。无论从理论发展还是实证依据来看，都充分说明了研究者对该领导风格探讨的不足，尤其是针对当前充满不确定性的职业环境下，这种明确目标和任务导向的领导在组织中能够对员工产生的重要影响。因此，上述研究结论深化了对任务导向型领导风格的认知。以往研究未曾将任务导向型领导作为调节因素进行考察，而本书通过引入任务导向型领导的调节效应，丰富了该领导风格的研究内容，并增加了领导风格两面性的研究。另外，领导替代理论和权变理论均强调了领导行为有效性会受到下属的影响，下属的特征会影响领导行为的有效性，在考察领导方式时必须考察下属的个体差异（孙健敏，宋萌，王震，2013）。依据上述理论，和谐激情从某种程度体现了个体内在特征，带有强烈的和谐工作激情的员工，本身对工作内容的把控比较自如，有自己的工作目标和节奏。对工作任务关注度较高的任务导向型领导介入，有可能打乱具有和谐激情员工的正常工作节奏，二者可能会产生相互干扰，因此和谐工作激情有可能会抑制任务导向型领导行为的有效性。以往领导替代理论未曾关注到任务导向型领导风格，因此，本书也拓展了领导替代理论的应用范围。

总之，本书从使命践行主题出发，进一步丰富了上述两种领导风格的研究成果，并且也为更全面、多视角地研究授权赋能型领导和任务导向型领导的有效性提供了新的实证依据，从而推动了授权赋能型领导和任务导向型领导研究理论的发展。同时，也实现了领导风格研究和使命践行研究的深度融合，体现了使命践行领域与领导行为研究进行整合的发展趋势。

6.2.3 拓宽了二元工作激情的研究范围

本书依据二元激情理论，揭示了使命践行能够激发出两种类型的工作激情，从而对工作结果产生积极影响。

（1）关于二元激情的影响因素方面探讨较少。依据两种激情的内在本质，社会环境对个体的支持及个人特质因素会在一定程度上决定动机的内化过程（Vallerand and Houlfort，2003），从而影响激情。实证研究主要提到了工作自主性（Fernet and Lavigne，2014）、真实性领导（陈丽丽，2016）、个体休闲参与程度（谢雅萍，2018）对工作激情产生的影响。由此可见，对于二元激情前因的探讨——究竟什么因素能够激发个体同时产生两种激情，还较匮乏。本书从使命践行的视角入手，详细揭示了通过二元工作激情的作用路径，能够对工作场所结果变量产生积极影响。本书将职业心理学领域的变量纳入两类激情前因研究中，从而拓展了二元工作激情影响因素的研究视野，并且从使命践行视角提供了一种促进动机内化，引起不同激情产生的阐释思路。

（2）现有研究探讨了二元工作激情的影响结果，主要集中在个体情绪、心理健康、幸福感、创新行为、绩效等方面（蒋昀洁，张绿漪，黄庆等，2017）。关于工作激情对工作绩效的影响，现有研究结论主要体现出两种结果：一是和谐激情促进工作绩效，强迫激情与工作绩效没有显著联系（黄宁宁，2020）；二是两种激情可以直接或间接促进员工绩效（林云云，2012）。学者们对于二者之间的关系并未形成共识。有研究者指出，研究结论不同的原因在于采用了不同的工作绩效衡量标准（宋亚辉，2015），本书在此基础上认为还有一个可能在于工作激情发挥作用的边界条件不同。由此，本书验证了使命践行通过两种激情能够促进工作绩效的提升，并揭示了任务导向型领导能够发挥正负交织的调节作用，这一研究结论丰富了工作激情领域关于组织因素，尤其是领导情境的研究，通过对任务导向型领导这一情境因素的考察，进一步推动了对工作激情发挥作用的边界条件研究，也提供了工作激情研究领域新的探索方向。

（3）本书在探讨二元工作激情的双中介作用时，发现使命践行能激发较高程度的和谐激情，同时，也能激发较高程度的强迫工作激情。并且，两种激情的相关系数较高。这一研究结论进一步证实了和谐激情与强迫激情并不互斥，而是两条相关的连续线。两种激情之间正相关关系说明了两种工作激情是同向变化的（杨仕元，卿涛，岳龙华，2018）。因此，两种激情存在相互组合的可能性，这也有助于深化对二元工作激情之间关系的理解，也为后续两种激情的不同水平组合研究提供一定的参考依据。

6.2.4 为更加深刻理解工作繁荣和工作绩效提供了新思路

当员工感知到工作使命后，对工作产生激情，会把组织当作自己需要履行责任和实现抱负的平台（刘晨，周文霞，2022），从而期望在工作中得到发展和实现成就。作为体现个体积极向上成长态势指标（Spreitzer，Porath&Gibson，2012）的工作繁荣和作为衡量个体外在行为结果指标的工作绩效，既能对个体发展产生影响，又能对组织发展做出绩效贡献，是员工个体和组织管理者都愿意看到的两种组织现象。本书将上述两种结果变量同时引入使命践行的作用机制中，考察使命践行对个体内在繁荣和外在绩效的影响作用机制，既响应了当前对拓展使命感研究领域的呼吁，又将使命践行研究与工作繁荣理论和工作绩效研究进行了有效的整合。基于工作绩效内容的多维性，以往研究从个体特征、工作特征、组织情境等多个路径探讨了工作绩效的影响因素及作用机制，研究成果比较丰富。而针对工作繁荣的研究成果虽然不够充实，但是现有研究也分别从个体层面、群体和组织层面区分了工作繁荣的前因变量。由此可见，促进工作绩效和工作繁荣提升的诱因众多，但从本质上看，个体内在动机才是激发个体态度和行为的根本原因。然而，现有研究并未深入挖掘个体的内在特征。因此，本书重点从使命践行角度解释了以上两种组织现象的前因及形成机制，为全面理解工作繁荣和工作绩效打开了新思路。例如，从使命践行通过二元激情影响工作绩效的路径来看，以往研究基于情绪视角、认知视角等角度探究了工作激情对绩效影响的不同结果（黄宁宁，2020），本书基于使命践行视角，证实了无论是自主内化还是受控内化，两类激情都能对工作绩效和工作繁荣产生积极影响，从而丰富了研究视角，充实了工作绩效和工作繁荣产生机制的理论研究。

基于以上，使命感和使命践行作为深层次的积极心理构念，在激发动机和激励员工行为方面具有独特的内在心理过程。依据自我决定理论，个体在使命践行过程中满足了内在需求，从而产生强烈动机。此动机能够引发激情、积极情感及主动性行为，进而影响工作表现。总之，使命践行作为个体内在心理特征，从满足需求激发动机这一本质角度，提供了对工作繁荣、工作绩效产生影响的解释路径和阐释思路，为探究其形成机制提供了新的证据。

6.3 实践启示

本书考察了使命践行的影响因素与影响效果，能够对企业管理实践提供一定的启示。

6.3.1 重视员工的高阶精神追求并适当营造授权赋能的组织环境

如今，随着越来越多90后、00后新生代员工进入职场，组织管理的心理基础已发生很大变化。与老一代员工相比，新生代员工更加注重对人生意义和自我实现行为的追寻，强调工作对于自我价值实现的重要性。因此，使命感已成为当前激励员工积极投身职业或工作的更有力的内在动机来源。但是，现实中不难发现，一部分人空有使命和抱负，但在职场中却苦于种种限制无法展现并践行内心的使命感。目前的研究结果提醒组织管理者——员工很可能拥有使命感知，但是却很难实现它。相当大比例的成年人认为他们在某种程度上无法实现自身的使命。由此，组织管理者应关注员工在实际工作中的使命实现程度，这一步势在必行。使命感的结果取决于是否能够践行，如果个体在工作中有机会践行自己的使命，就会促进积极结果的展现。鉴于使命感与使命践行的密切关系，同时结合当下新生代员工更加关注精神需要满足的情形，研究者建议组织管理者要特别重视对员工职业/工作使命感的培育与发展，借助一系列管理措施培养和提升员工的工作使命感。例如，在招聘选拔中注重考察员工的工作态度和使命感倾向，利用有效的测评手段筛选具有较高工作使命感的员工；通过专题讲座和情境训练等多样化培训方式传递有意义的工作理念；感受组织文化中的使命感氛围，关注绩效管理中对使命感、责任感等软性指标的考核等。

更为重要的是，基于本书结论，授权赋能型领导能够驱动员工完成使命践行，因此管理者有必要提供支持型的组织环境，从机会、能力和意义感三个路径出发，通过一系列管理措施，为员工使得以践行提供更多的支持和帮助。例如，给予员工适当授权，让员工享受更多的工作自主性和决策权；利用培训和锻炼机会培养和提升工作能力和自我效能感；鼓励员工参与工作设计、进行工作重塑，增强对工作意义的感知，从而推动组织内员工的使命践行，避免员工无法践行使命引发负面效应。根据授权赋能领导行为的主要特征，管理者需要通过权力分享、技能发展和提供创新绩效帮助等管理活动和行为，促进员工在工作场所的积极体验和认知。同时，这些资源和帮助也为员工补充了能量，利于营造更加信任、自主的组织氛围，从而有利于帮助员工克服在使命践行过程中遇到的困难和障碍。

另外，组织中的管理者是否都愿意且有能力给下属授权赋能，这个问题值得商榷。组织在选拔和任命管理者时，很有必要将具备授权赋能行为特征的领导纳入考察范围，尤其是组织中的关键岗位。首先，企业可以先从入口把关，结合组织的岗位要求进行筛选，同时也要关注候选人是否具备授权和赋能的特质，让那些能够适度下放权力并提供机会资源，关注他人成长与发展，采用灵活管理方式的候选人成为重点考察对象。其次，针对组织内现有的管理者，可以多提供有关授权赋能行为的领导力培训课程，将培训与能力评估结合到一起，定期让员工参与评估。通过以上种种措施，增强管理者对员工自主性的管理意识，掌握适度放权的管理技能，从而使授权赋能行为最大化发挥效用。

所以，要想让员工使命践行转化为对组织有利的现象，必须有意识地为员工营造相应的组织支持型氛围，并着重培养有意愿且有能力进行适度授权赋能的上一级领导，借助这些组织资源才能更好地帮助员工实现个人工作使命感目标，从而完成组织的整体目标。

6.3.2 甄别员工工作激情类型并制定有针对性的组织政策

本书结论指出个体使命得到践行会同时激发两种工作激情，并且通过工作激情的传递进而影响职场结果。首先，肯定了两种激情对个体工作场所结果的重要性和价值，同时，通过中介效应比较也得出，相较于强迫工作激情，和谐型激情更能促发个体强烈的工作意向，和谐激情对积极工作结果的预测作用更强。基于此，管理者更加有必要区分员工不同的激情类型，有针对性地制订激励措施，促进员工和谐激情的发展，扩大强迫激情的积极影响并弱化其潜在的不良影响。具有和谐工作激情的员工往往从内心认可工作并努力奋斗，是组织发展的中坚力量（杨仕元，卿涛，岳龙华，2018）。作为管理者可以发挥此类员工群体的自身优势，通过鼓励员工参与，让他们感知到工作的重要性，强化责任感，加深对工作的内在认可。同时，也要注重给和谐员工提供更多的工作自主性和自由选择权，针对不同员工的个性和特长进行差异化安排，从而满足他们的多元化需求。另外，鉴于和谐员工更有意愿和精力去承担工作角色之外的职责，建议管理者努力营造支持型氛围，提供各种便利和条件，激励这类员工从事各种积极行为，并根据结果采取适度有效的奖励措施。来自工作中的控制内化——为了维持或获得自我价值、自尊等，可能是产生强迫激情的来源。因此，组织管理者应关注具有强迫激情的员工的内在需求。当这类员工取得工作成果时，要及时给予奖励和肯定，并从薪酬福利、职位晋升、增加培训、职业规划设计等方面提供工作激励。当员工工作遇到困难和问题时，管理者要尽可能向其提供资源，进行及时有效的工作指导，减轻这类员工对工作效率的担心。不断磨炼倾听、沟通技巧，允许员工群体勇敢发声，利用座谈会、心理辅导和各种娱乐休闲活动促进同事之间的情感交流，在一定程度上能够缓解员工受控于工作的压力（马丽，马可逸，2021），从而使强迫激情员工获得资源补给，以更积极的态度投入自身的工作并作出贡献。管理者也可以掌握一定的工作设计技巧，通过工作轮换、丰富化等手段让强迫激情员工体会到工作的乐趣，学会享受工作和生活，以更加积极心态面对工作。最后，无论面对的是具有哪一类激情的员工，管理者都要从根本上秉持以人为本的理念，在潜移默化的管理行为中引导员工，构建更为长久的心理契约。

6.3.3 提倡组织管理者展现更加多样化、灵活的领导行为

在强调工作意义和团队合作的现代组织中，管理者作为最能影响员工心

理状态的重要因素之一，应该时刻以身作则。当前，在实际管理情境中，管理者表现出来的领导风格往往不是单一的行为特征，有可能是多种领导行为的组合（尹奎，张凯丽，邢璐等，2020），单一类型的领导风格无法体现组织面临的真实情境。据此，本书考察了授权赋能型领导与任务导向型领导，上述两种领导特质并不冲突，反而与当前领导特质研究中所提倡的"双元领导"情境相契合。这也就意味着，领导者可以同时具有授权赋能与任务导向两种行为特征，面对不同组织环境，展现出与特定情境相契合的领导行为，体现出领导行为的混合性特征。本书借此鼓励组织管理者将关注任务目标与授权赋能两种行为特征进行有效结合，灵活运用管理手段和措施以适应组织内外环境的变化。一方面，管理者可以通过工作任务目标的明晰、工作流程与规范的阐释、任务完成过程的监督，帮助下属员工修正行为，从而聚焦工作任务，提高目标完成的效率；另一方面，在关注工作结果的同时，也要关注员工的心理感受与情绪状态，尤其是针对那些具有较高精神追求、心怀使命的员工群体，通过鼓励员工自我管理和自我决策等方式，给予员工一定的自主性和权限，使得他们有更多的机会和资源去从事满足内在强烈需求工作的同时，提供更多培训和锻炼机会以帮助员工提升专业技能，从而让员工有能力实现内在成长与外在发展。

以任务目标为导向的领导行为在组织中具有普遍性（董俊武，龚静，曾瑶，2020），本书发现任务导向型领导在使命践行影响效果中发挥了双刃剑的调节作用，因此，组织高层管理者需要以更加全面的视角去理解任务导向型领导所发挥的作用。任务导向型领导将主要精力放在任务和目标的完成上，不仅有助于提高员工对自身工作目标与组织既定目标一致性的认知，还增强了员工对企业愿景的认同，同时为提升个体和组织绩效奠定了坚实的管理基础。有研究明确强调了任务导向型领导更适合组织转型或不稳定环境（徐淑英，边燕杰，郑国汉，2008），因此，在当前企业面临危机和加速变革情景下，更加凸显任务导向型领导存在的重要价值。任务导向型领导在发挥作用时往往受到个体内在特征因素的影响，为此，管理者在管理过程中要懂得识别不同特征员工的需求，并且遵循因地制宜、因材施教的原则对员工进行分类管理，激发不同激情员工的工作积极性。对于具有强迫激情的员工，管理者需要给予一定的工作权限和自由，让他们从事自己想要的工作。更为重要的是，由于此类型员工往往对工作产生偏执行为，所以特别需要任务导向型领导通过清晰的任务要求和任务分解，明确工作流程，并及时监督和修正下属表现，以缓解他们受控于工作所承受的较大压力，帮助其高效完成工作任务，从而实现期望的回报。自主性内化使和谐激情员工往往能够自由控制所参与的工作活动，因此管理者需要增加授权赋能的力度，给予他们一定的工作空间，通过权力下放和关注个体成长、和谐人际关系等管理措施激发具有和谐激情员工的自在动力。针对这类员工群体，任务导向型领导行为展现要适度，尽量减少干预员工完成任务的过程，可以在任务开始或必要时给予目标指导和工作流程阐述，而不必事无巨细地进行监督管理，才能让具有和谐激情的员工发挥出最大效用。

由此看来，在当前严峻多变的环境下，企业愈发需要任务导向与授权赋能兼具的领导者发挥影响力，帮助下属在重大危机中克服困难、明确任务目标高效工作，同时通过建立信任和支持的情感关系来安抚下属，降低员工的工作不安全感和焦虑感，进一步实现自我价值。

6.3.4 加强高质量的上下级互动关系以减少领导成员交换差异

授权赋能型领导在什么情境下更容易促进下属员工完成使命践行？本书通过实证明确指出了当上下级发展较高质量的交换关系时，更容易扩大授权赋能领导行为这种积极预测作用。既然这种高质量的上下级关系能够促进积极结果的产生，那么实践中作为管理者需要更加重视平衡和维护好上下级之间的互动关系。这种互动关系的维护依靠双方的共同努力。一方面，员工需要克服传统文化束缚下的权力距离，以更加平和、客观的心态看待领导或上级，改变传统观念，寻求与领导之间建立更加平等、自由的社会伙伴关系。同时，员工要认识到领导的多面性和复杂性，以更加理性的角度看待领导的行为方式。另一方面，领导要尽力营造公平、和谐的工作氛围，责任明确，奖惩分明，能妥善处理员工之间的问题和矛盾，通过较为透明的管理，尽量淡化员工对组织文化的不当理解和过度揣测；在工作中多多创造与每位下属员工交流和沟通的机会，给予员工更多的展现机会与平台，尤其要关心、关爱不善交际的员工，让每位员工都能得到重视，加强与员工情感的维系，营造和谐的氛围；在工作中适度授权，通过授权赋能激发员工积极性，提升其能力，通过工作中的密切接触增进了解，有助于形成相互信任的氛围，让更多的员工更加积极主动融入领导的工作圈，形成高质量的整体互动氛围；高质量的互动关系不仅体现在工作关系中，在工作之余，管理者也可以施加积极影响，关心员工的生理与心理健康，关注员工理想追求与兴趣爱好，对员工家庭生活给予支持与帮助，这些非工作关系行为更能够拉近与员工之间的距离，让员工以更加积极的心态感知与上级的关系，有助于提升上下级互动关系质量，从而产生个体和组织所期望的行为和结果。

6.3.5 发挥"她"力量，注重女性员工的使命感培养与践行

随着越来越多的企业将女性纳入管理团队，新时代的女性力量也受到更多的关注。但现实中，人们很容易把女性的性别角色和家庭角色叠加在职场角色中，多重角色的叠加，让女性比男性面临着更高的职业安全焦虑。有调研发现，当前，中国女性在职业机会的获得和信心上仍处于弱势。结婚、生育往往是女性就业的主要顾虑因素，男性在家庭角色上的缺失导致女性被迫投入更多精力在家庭责任上，从而无法更加自由地追求职业机会、实现职业发展。在本书研究一和研究二包含的调查样本中，使命践行在性别上的差异是显著的，女性样本得分均低于男性样本，研究一以使命感作为控制变量的调研数据也显示了女性使命感得分高于男性样本。以上数据在一定程度上提醒组织管理者要密切关注女性员工的工作使命感问题。女性员工一方面非常珍惜难得的职业机会，努力投入工作，感知到较高水平的工作使命感，但另一方面，相较于男性员工，她们在工作实践中遇到了更多的困难与阻碍，更容易陷入难以践行使命的困境。因此，面对女性职场群体，组织应通过管理手段和领导者的关怀，激发和培育女性员工的使命担当，提升她们的责任感和使命感，并利用女性在软技能方面的独特优势为其创造更多的职业机会。

鉴于领导行为和工作意义感对使命践行的重要影响，职场女性在践行职业/工作使命方面可以从以下几个方面着手：

第一，积极参与能够获得意义感和满足感的组织任务和工作活动。参与与自身使命感目标较为一致的工作任务，看到与目标的距离在缩小，更易获得工作意义感，从而有利于践行使命。另外，参与组织中的公益活动也可以让女性员工更深刻认识自己的责任和义务，更深入了解社会的需求和问题，从而更好地发挥自己作用。

第二，坚信自己的信念和价值观。职场女性通常在应对工作危机时，会出于各种顾虑，往往不够坚定。坚持自己的信念和价值观可以让女性员工在面对各种挑战和困难时更加自信，也能更清晰地确认自己的方向和目标。组织管理者要打造包容的工作环境，关注女性员工的需求，提供更加多样化的工作方式和工作时间，给予女性下属更多的资源支持和"赋能"，保持良好的沟通，注重对女性员工的技能培训与开发，不断提升她们的工作效能感和胜任力，助力女性员工自身使命在组织中顺利实现。

6.4 研究局限与未来展望

6.4.1 研究不足及改进

从使命践行这个主题入手，本书考察了使命践行的驱动机制与作用效果，得出了有一定参考价值的研究结论。但是仍然存在部分局限性，需要在后续阶段不断改进。

1. 研究样本的局限性

鉴于使命践行的前提是员工具有使命感，因此本书聚焦具有工作使命感的群体。为尽量减少因缺乏使命感而导致的问卷流失率，研究中以国企和公务员样本居多，私营企业占比较少，且研究样本主要分布于北京、山东和湖北地区，取样范围不够广泛可能对研究结果的可推广性和可靠性存在潜在的影响。尤其针对授权赋能型领导，在不同类型企业中的授权赋能程度会有差异。因此，未来研究可以扩大样本收集范围，选择不同地区、不同行业、不同类型的企业/组织样本数据，增加研究结论的普遍性和可推广性。本书调查受新冠疫情等外部环境影响，部分问卷采用网络形式发放，填写和回收受到一定影响，今后研究可以通过云视频、远程在线会议等形式进行事前阐释说明并加强过程管理。本书数据仅在国内收集，导致研究结果的普适性有一定局限。尽管之前大多数关于工作使命感和使命践行的研究都在西方国家情境下进行（Douglass and Duffy, 2015），本书仍未能将文化因素的影响纳入考虑，也未进行文化差异分析。正如Thompson和Bundersona（2019）在对工作使命感的研究回顾中提到的那样，文化差异可能会成为个体能否获得工作使命感的一个重要边界条件。因此，未来可以对比不同文化背景（如集体主义和个人主义）的样本，研究将具有一定的探索价值。

2. 同源偏差问题的控制有待加强

本书采用匿名问卷、分阶段多时间数据采集的方式，尽量减少了共同方法偏差的影响，但是仍无法完全避免这个在行为科学研究中普遍存在的问题。具体而言，除工作绩效之外，使命践行、工作意义感、二元工作激情、授权赋能型领导、领导—成员交换关系等变量均由被调查者自我报告，可能存在一定局限，未来可以采用更为严谨、科学的调查方式进行测量。例如领导—成员交换关系可以由被调查者与其上级领导共同评价，作为体现上下级互动关系质量的指标，领导和下属关于LMX的感知可能不一致，用这种领导评价和员工自评相结合的方式测量LMX的一致性，会更加客观和真实地反映上下级关系质量，也有助于收集多源数据，从而更精确地检验研究假设。未来，以使命感和使命践行为主题的研究应多尝试进行纵向调查，以得出更精确的因果推论。

3. 变量测量的局限性

借鉴以往研究成果，本书选用了相对成熟的量表，数据显示具有良好的信效度。但部分量表基于国外情境开发，因文化背景存在差异，这些测量条目在中国情境中运用的精确度和匹配度，仍有待检验。今后，有必要重新开发和编制符合我国组织情境的中国版量表。现有的使命践行量表为学者

Duffy、Allan和Bott（2012）开发的LCS（Living a Calling Scale）问卷，包含7个条目，但该量表并未涉及在不同文化情境下的适用性。使命感这个概念最初源于宗教信仰，在不同文化和宗教背景下的个体对使命感及使命践行的感知可能会有差异。在中国文化背景下，个体对测量条目中所涉及的"目前正从事""此时就在从事"等频繁程度的测量，是否能做到细致入微的察觉和感知，仍有待今后大量样本的验证。总之，未来研究应将使命践行主题根植于中国文化情境中开发本土化量表，从而更加完整深入地检验文中结论，比较不同文化烙印下的研究成果。

4.本书没有对研究模型进行统计方法上的整体性检验

本书的研究模型以使命践行为焦点，包含了核心变量的前因与后效。研究初始目的是进行整体化设计，因受统计分析的限制，无法对这一较为复杂的模型进行整体性检验。为了更加细致地呈现使命践行的影响因素和影响效果，也为了获得更稳健的结果，本书分别在两个子研究的模型中进行检验。未来可以改进研究方法，合并研究模型进行整体检验，以便更完整精确地验证研究假设。

6.4.2 未来研究展望

1.使命感与使命践行之间的相互转化需要进一步探究

使命感是一个动态变化的心理构念，会随着时间而产生改变（Dobrow，2013；谢宝国，辛迅，周文霞，2016）。因此，使命践行作为个体的主观感知，也会随着使命感的持续变化而产生波动（刘晨，周文霞，2016）。目前，在实证研究中可以找到一些使命感动态发展的依据，刘成科（2019）提到使命感知、使命驱动、使命情怀和使命唤醒四个方面，以及从使命感找寻到使命感知，再到使命践行的三种状态转变机制（倪旭东，杨露琳，2021）。因此，有必要探讨二者之间的相互转化。纵观现有使命践行的前因与后效研究，还未具体聚焦到使命践行本身的波动与变化（刘晨，周文霞，2022）。基于以上，未来可以应用纵向研究方法，追踪使命践行感知的变化，考察使命感知与使命践行的双向转化机制，以及进一步探寻二者之间相互转化的新的理论视角和突破口。

2.跨层次研究使命践行的影响因素

目前对使命践行影响因素的路径研究比较受限，本书将影响因素拓展到领导情境下，进一步揭示了授权赋能型领导通过工作意义感知进而影响使命践行，未来还可以进一步拓宽思路和研究深度去探索使命践行的前因。鉴于组织大环境对个体潜移默化的影响，可以跨层次分析组织层面的影响。高承诺人力资源管理系统能够促进领导员工形成良好心理联系（李秀凤，郑淑伟，2018），提升员工组织承诺和工作意义感知，而职业承诺、工作意义感正是使命践行重要的影响因素（刘晨，周文霞，2022）。因此，未来可以聚焦组织层面的管理实践，从提升意义感、承诺感，营造支持、信任氛围的组织管理实践入手，探讨管理措施如何通过组织层级传递给基层员工，进而影响个体使命践行。本书仅揭示了授权赋能型领导的作用，未来还可以继续考察领导对下属使命践行的影响。本质上，领导就是一个多层次现象，通常在对个体施加影响的同时，会从个体层面延伸到团队或组织层面，引发更多的整体性现象。过去的研究还表明，当一些概念被聚合到单位层面，就不再是简单地从个人层面复制到单位层面，因此也有必要考察领导行为对个体使命践行发生的跨层次影响。未来可以在现有的众多领导风格中，进一步跨层次深挖前因对象。例如，精神型领导可以通过意义建构行为促进员工感知使命践行，服务型领导能够通过给员工提供一定资源和支持助力个体完成使命践行。

3.拓宽研究领域和理论视角，进一步丰富对使命践行影响效果的解释

现有研究从二元激情角度阐释了使命践行对重要工作结果的作用，然而使命践行不仅在工作领域产生影响，也可能在其他领域产生辐射效应。家庭生活与工作场景紧密相连，工作与家庭之间的界限相互渗透。组织内员工使命得以践行，满足了其内在需求，产生强烈动机。这种动机能够引发激情、积极情感及主动性行为，从而不仅影响工作界面，还跨越到非工作界面产生交互影响。由此可以判断员工使命践行会对工作—家庭界面产生影响，目前已有研究证实二元工作激情对工作—家庭关系的预测作用，个别研究通过潜

在剖面分析发现使命得以践行会有利于促进工作与家庭之间的增益（Zhang, Dik and Dong, 2022），以上为使命践行对家庭界面的研究提供了前期基础，但对于使命践行如何渗透、影响工作—家庭领域的作用机制仍不得而知。以此，未来可以将使命践行影响研究深入拓展至工作—家庭界面，以进一步探究使命践行的溢出效应和机制。

WCT理论关注到了使命践行具有"两面性"，即使命践行既帮助个体和组织获得积极效应，也可能带来潜在的不良影响。在以往研究中可以看到不同甚至截然相反的研究观点，有研究指出，使命践行的一个主要负面作用就是成为工作狂的催化剂，对工作劳动的过度投入和压力会负面影响员工的健康状况（Duffy, Douglass, Autin, England and Dik, 2016）。然而，Terry和Cigularov（2022）的研究基于新冠疫情背景，利用资源获得视角，认为使命践行会促进员工提高工作准备（work readiness），从而降低工作压力。使命践行所产生的不同观点或结论，可能与其产生效用的边界条件有关。也就是说，基于理论依据不同，作用机制的调节变量不同，可能会导致使命践行产生正负不同的两面影响。由此，未来研究有必要对使命践行发挥"双刃剑效应"的边界条件和理论依据进行更为深入的挖掘。另外，关于使命践行的消极影响这一路径，可以借助本书中的二元工作激情（尤其是强迫工作激情）中介作用，进一步进行负面效应的探讨。除了二元激情，还可以从其他视角和路径来探析使命践行的影响。现实中发现使命无法践行的个体往往承担较大压力，为此，刘晨、周文霞（2022）提出可以从工作压力源角度，将使命不能践行视为一种内源压力，可能会造成不良影响。总之，如果从跨学科角度出发，负面效应的解释思路可能会引申出更多的解释理论和解释路径，因此，未来研究可从以上方面做更多理论延展。

4.进一步深挖两种工作激情的不同组合作用效果

工作激情是一种个体对工作的强烈倾向，这种内在情绪状态往往会受到多重因素的影响（例如人际交往、家庭环境、工作氛围等），呈现出多变性和复杂性。因此，类似于混合型领导特质，个体在工作中往往不能简单地被归类为和谐激情的员工或强迫激情员工。现实中，人们可能同时具备这两种特征，只是在特定情境下某一种激情特征表现得更为显著。并且，研究中也发现，由于两种激情具有显著的相关性，因此存在同向变化的可能性，也就意味着在同一个员工身上，也可能存在两种较高水平的激情特征。在学者杨仕元、卿涛、岳龙华（2018）的研究中，也明确指出了员工可能同时具备两种激情。实证研究和现实情境都表明了两种工作激情是可以进行有效组合的。如果研究如预期所示，后续研究有必要针对不同个体的特征差异，进一步详细考察在同一个个体身上，两种激情是如何呈现的，是否存在双高、双低、一高一低这样的组合状态？在这种不同水平的激情整合状态下，又会对个体的工作态度和行为结果，甚至组织发展产生怎样的影响？这些问题值得深入探讨。

5. 进行中国情境下使命践行量表的开发

目前使命践行的测量主要采取间接测量方式，量表包含条目比较简单，个别条目内容描述不够清晰、具体。未来应该进一步深入论证使命践行的本质含义：一方面，从个体感知论视角进一步提炼内容维度，尝试将使命践行程度按照不同标准（如质和量）进行分类，开发更具信度和效度的多维度测量工具；另一方面，也可以整合现有直接和间接测量工具，分阶段测量。先列举在工作中与自身使命感相关的所有工作活动或任务，然后对上述各项任务的完成或践行程度进行评价。这种方式不仅将使命践行与具体职业活动进行紧密结合，而且落脚点仍然基于个体的感知，具有一定合理性。总之，开发适合我国国情的使命践行量表，能够让研究者根据研究目的选择更适合的调查工具，从而推动国内相关实证研究的积极开展。

6.5 研究结论

对于具有工作使命感的员工而言，能够在工作场所中实现使命感是个体的强烈内在期盼与渴求。员工如何才能感知到自身使命得以践行？使命得以践行对员工本身及组织又意味着什么？结合当前工作现状，本书实现了对员工使命践行的驱动机制与影响效果模型的设计和实施，进而分为两个子研究，采用多时点数据，分别揭示了授权赋能型领导驱动员工践行使命的内在机制，以及员工使命践行对个人内在成长和外在绩效发展的影响（即工作繁荣和工作绩效）。研究结果表明，一方面，在使命践行的驱动机制方面，授权赋能型领导确实能够驱动个体使命践行，是一个重要的组织环境诱因。工作意义感是授权赋能型领导与员工使命践行之间产生联系的重要桥梁，授权赋能型领导行为可以通过意义感知此路径产生的使命践行。并且，员工感知的领导—成员关系质量越好，授权赋能型领导越能通过工作意义感促进更高程度的使命践行。另一方面，在使命践行发挥作用方面，员工使命得以践行能够对个体在工作中的内在成长与外在行为表现产生积极影响，即能够同时促进工作繁荣和工作绩效的提升。二元工作激情是连接员工使命践行与工作场所结果变量（工作繁荣和工作绩效）的重要纽带，在两种激情中，和谐工作激情在使命践行影响效果中发挥的中介作用要明显强于强迫工作激情的中介作用。另外，任务导向型领导能够在两种激情与工作结果变量之间起到调节作用。但是，总体来看，任务导向型领导在不同激情发挥作用的过程中起到的调节作用是有所差异的，即能够积极增强或扩大强迫工作激情对工作场所结果（工作繁荣和工作绩效）的影响效果，但是却削弱了和谐工作激情对工作场所结果（工作繁荣和工作绩效）的影响作用。本书不仅对使命践行这一主题领域的理论研究文献有所贡献，拓展了工作使命感理论框架，而且对如何提高领导有效性、从更本源的角度深刻理解工作场所结果变量（工作繁荣和工作绩效）的形成机制亦有拓展。本书也为组织管理者如何更加有效地激励具有使命感的员工群体，以及如何管理、筛选和培育人才提供了新的实践启示。总之，本书结论肯定了组织中员工使命践行的非凡意义和重要价值，进一步凸显了组织管理者营造有利于员工践行工作使命的组织环境，尤其是提供领导支持的必要性和可行性。

综上，如果我们以人的进步而不是技术的进步来标记我们当前所处的时代，那么这种进步就是人们已经认识到一种更深层次的使命感，并且领悟到通过使命感的践行和实现能够带给个人、组织和社会意义深远的价值。由此，使命践行的更多价值有待今后继续挖掘。

参 考 文 献

[1] 白静,王梦.授权型领导对创造力的影响——工作意义感视角[J].华东经济管理,2020,34(7):109-117.

[2] 曹科岩,李宗波.心理契约破坏与员工建言行为的关系——领导成员交换的调节作用[J].心理科学,2016,39(3):644-650.

[3] 曹雨阳.领导职业使命感与员工创新行为——员工工作意义感的中介与领导组织化身的调节[D].武汉:华中师范大学,2021.

[4] 陈彪.创业者领导行为、战略形成与新企业绩效关系研究[D].吉林:吉林大学,2016.

[5] 陈佳乐.工作意义感的含义及量表的修订[D].北京:中国人民大学,2016.

[6] 陈丽丽.真实型领导与员工工作激情的关系——工作自主性的中介作用[D].哈尔滨:哈尔滨工程大学,2016.

[7] 程春.组织支持感知与工作绩效的关系——工作幸福感的中介作用[J].兰州财经大学学报,2019,35,(4):97-106.

[8] 崔明洁.职业使命感的双刃剑作用——每日工作时间和积极情绪的双重中介效应[D].上海:华东师范大学,2018.

[9] 戴屹,张昊民,俞明传,等.企业政策—实践一致性与员工工作绩效关系研究[J],管理学报,2021,18(2),234-242.

[10] 邓显勇.领导者特征与团队类型的匹配研究[D].厦门:厦门大学,2009.

[11] 丁越兰,苏剑,王静.授权赋能型领导内在形成机理与效用框架[J].西部经济管理论坛,2020,31(3):26-35.

[12] 董俊武,龚静,曾瑶. 中国本土企业家视角的领导行为过程模型[J]. 管理案例研究与评论,2020,13(2)132-148.

[13] 高中华,赵晨. 服务型领导如何唤醒下属的组织公民行为——社会认同理论的分析[J]. 经济管理,2014,36(6):147-157.

[14] 古银华,卿涛,杨付,等. 包容型领导对下属创造力的双刃剑效应[J]. 管理科学,2017,30(1):119-130.

[15] 何立,凌文辁. 领导风格对员工工作绩效的作用——组织认同和工作投入的影响[J]. 企业经济,2010,4(11):65-68.

[16] 黄丽,丁世青,谢立新,等. 组织支持对职业使命感影响的实证研究[J]. 管理科学,2019,32(5):48-59.

[17] 黄宁宁. 悖论式领导对员工工作绩效影响的实证研究[D]. 湖南:湖南大学,2020.

[18] 黄香香. 领导成员交换关系对员工创新行为的影响研究[D]. 西安:西安理工大学,2020.

[19] 蒋旭婷,贺伟,蒿坡. 愤怒情绪表达与领导有效性的研究综述、理论拓展与未来展望[J]. 管理学报,2021,8:1255-1264.

[20] 蒋昀洁,张绿漪,黄庆,等. 工作激情研究述评与展望[J]. 外国经济与管理,2017,39(8):85-101.

[21] 郎艺,王辉. 授权赋能领导行为与组织公民行为——员工的领导认同感和组织心理所有权的作用[J]. 心理科学,2016,39(5):1229-1235.

[22] 李超平,李晓轩,时勘,等. 授权的测量及其与员工工作态度的关系[J]. 心理学报,2006,38(1):99-106.

[23] 李超平,时勘. 变革型领导的结构与测量[J]. 心理学报,2005,37(6):803-811.

[24] 李超平,田宝,时勘. 变革型领导与员工工作态度——心理授权的中介作用[J]. 心理学报,2006,38(2):297-307.

[25] 李虹,张龙天,刘逸. 赋能授权研究前沿综述[J]. 人类工效学,2018,24(1):60-65.

[26] 李惠娟. 领导成员交换对员工工作繁荣的影响研究[D]. 济南:山东大学,2021.

[27] 李梦雅. 基于心理所有权的授权赋能型领导与员工建言行为研究[D]. 广州:华南理工大学,2015.

[28] 李绍龙,孙芳,朱思. 追随者如何获得授权型领导的垂青——一项混合策略研究[J]. 珞珈管理评论,2018,3:100-114.

[29] 李秀凤,郑淑伟. 高承诺工作系统对员工和的影响及其理论基础[J]. 中国人力资源开发,2018,35(6):132-143.

[30] 李晓鹏. 新生代员工工作激情对工作绩效和离职倾向的影响——组织认同感的中介作用[J]. 经营与管理,2021,2:124-128.

[31] 李翊君,黄一鸣,王紫,等. 促进还是阻碍——实践职业召唤对员工组织公民行为的影响机制研究[J]. 中国人力资源开发,2021,38(1):20-32.

[32] 李召敏,赵曙明. 转型经济下民营企业的制度支持、任务导向型战略领导行为与组织绩效研究[J]. 管理学报,2016,13(3):385-394.

[33] 李芷慧. 工作自主性对员工工作繁荣的影响研究[D]. 广州:华南理工大学,2019.

[34] 林云云,组织情境下的员工工作激情的实证研究[D]. 河南:河南大学,2012.

[35] 刘晨,周文霞. 从拥有使命到践行使命——使命践行的研究述评与展望[J]. 中国人力资源开发,2022,39(2):59-72.

[36] 刘成科. 青年科技人才的使命感研究[D]. 合肥:中国科学技术大学,2019.

[37] 刘晓志. 任务导向型领导对员工工作绩效的影响机制[D]. 上海:上海财经大学,2020.

[38] 马可逸. 基于工作—家庭冲突视角的知识型员工二元工作激情与工作幸福感关系研究[D]. 燕山:燕山大学,2021.

[39] 马丽,马可逸. 知识型员工二元工作激情与工作幸福感关系——基于工作—家庭冲突的视角[J]. 华东经济管理,2021,35(1):119-128.

［40］马莹.组织支持感、工作繁荣与工作绩效的关系研究[D].郑州:郑州大学,2015.

［41］孟宣宇.创业者领导行为、组织学习能力与新创企业竞争优势关系研究[D].吉林:吉林大学,2013.

［42］倪旭东,杨露琳.职业呼唤三种状态激发转变机制的整合模型构建[J].中国人力资源开发,2021,38(1):6-19.

［43］潘亮,杨东涛.代际视角下相对的领导—成员交换关系对员工建言行为的影响研究[J].管理学报,2020,17(4):518-526.

［44］彭坚,王震.做上司"意中人"——负担还是赋能？追随原型—特质匹配的双刃剑效应[J].心理学报,2018,50(2):216-225.

［45］邱阳.动机视角下组织公民行为对工作繁荣的影响研究[D].哈尔滨:哈尔滨工业大学,2020.

［46］施丹,陶祎祎,张军伟,等.领导—成员交换关系对产业工人敬业度的影响研究[J].管理学报,2019,5:694-703.

［47］时勘,万金,崔有波.基于人—情境交互作用的工作旺盛感生成机制[J].中国人力资源开发,2015,17:65-72.

［48］史烽,安迪,蔡翔.创新活动需要好教练吗？教练型领导对员工创新行为的影响机制[J].中国人力资源开发,2018,35(5):37-48.

［49］宋萌,黄忠锦,胡鹤颜,等.工作意义感的研究述评与未来展望[J].中国人力资源开发,2018,35(9):85-96.

［50］宋亚辉,何莉,巩振兴,等.工作激情影响员工创造性绩效的中介机制[J].浙江大学学报（理学版）,2015,6:652-659.

［51］宋亚辉.企业员工的工作激情与工作绩效的关系[D].北京:北京科技大学,2015.

［52］孙健敏,宋萌,王震.辱虐管理对下属工作绩效和离职意愿的影响——领导认同和权力距离的作用[J].商业经济与管理,2013,3:45-53.

［53］唐宁玉,张凯丽.包容型领导研究述评与展望[J].管理学报,2015,12(6):932-938.

[54] 田红彬,田启涛. 服务型领导对员工职业使命感的影响机制研究[J]. 经济经纬,2019,4:126-132.

[55] 田喜洲,左晓燕. 工作领域的呼唤研究新进展探析[J]. 外国经济与管理,2014,36(6):60-69.

[56] 田在兰,黄培伦,尚航标. 基于自我认知理论的授权赋能型领导对员工建言行为的影响[J]. 领导科学,2014,23:33-36.

[57] 童俊,王凯,刘梦琴. 授权赋能型领导前因及有效性研究[J]. 财会通讯,2018,14:65-68.

[58] 屠兴勇,王泽英,张琪. 批判性反思效应下领导教练行为对员工创新的影响机制研究[J]. 南开管理评论,2016,19(6):4-16.

[59] 王朝晖. 悖论式领导如何让员工两全其美？——心理安全感和工作繁荣感的多重中介作用[J]. 外国经济与管理,2018,40(3):107-120.

[60] 王辉,武朝艳,张燕,等. 授权赋能型领导的维度确认与测量[J]. 心理学报,2008,40(12):1297-1305.

[61] 王辉,忻蓉,徐淑英. 中国企业CEO的领导行为及对企业经营业绩的影响[J]. 管理世界,2006,4:87-96.

[62] 王辉,张文慧,谢红. 领导—部属交换对授权赋能领导行为影响[J]. 经济管理,2009,31(4):99-104.

[63] 王辉,张文慧,忻榕,等. 战略型领导行为与组织经营效果——组织文化的中介作用[J]. 管理世界,2011,9:93-99.

[64] 王慧娟. 授权型领导对员工创新行为的影响研究——心理可得性及组织支持感的作用[D]. 杭州:浙江工商大学,2015.

[65] 王乃弋,肖金昕,马瑾,等. 中小学教师感知使命感对践行使命感的作用机制研究[J]. 教师教育研究,2022,34(4):45-52.

[66] 王萍,张琦. 员工工作重塑如何提升工作绩效——心理授权赋能的作用[J]. 人类工效学,2017,23(1):35-39.

[67] 王秀景. 领导授权赋能对员工知识分享行为的影响研究——以组织信任和情感承诺为中介变量[J]. 中南财经政法大学研究生学报,2016,2:96-

104.

[68] 王雁,黄金,蔡瑞佳,等.使命感概念内涵及践行影响因素研究[J].心理技术与应用,2022,10(1):9-20.

[69] 王永丽,邓静怡,任荣伟.授权型领导、团队沟通对团队绩效的影响[J].管理世界,2009,4:119-127.

[70] 王永丽,卢海陵,谭玲,等.领导工作过载对下属工作自我效能感和工作-家庭促进的影响——领导成员交换关系的调节效应[J].预测,2019,38(3):9-15.

[71] 王震,孙健敏,赵一君.中国组织情境下的领导有效性——对变革型领导、领导—部属交换和破坏型领导的元分析[J].心理科学进展,2012,20(2):174-190.

[72] 吴继红,陈维政.领导—成员关系对组织与员工间社会交换的调节作用研究[J].管理学报,2010,7(3):363-372.

[73] 吴江秋,黄培伦,严丹.工作繁荣的产生及其对创新绩效的影响——来自广东省高科技企业的实证研究[J].软科学,2015,29(7):110-113.

[74] 谢宝国,辛迅,周文霞.工作使命感——一个正在复苏的研究课题[J].心理科学进展,2016,24(5):783-793.

[75] 谢雅萍,沈淑宾,陈睿君.越休闲越激情?休闲参与对知识型员工工作激情的影响机制研究[J].经济管理,2018,40(7):128-145.

[76] 徐本华,邓传军,武恒岳.领导成员交换与员工主动创新行为:一个被中介的调节模型[J].管理科学,2021,34(2):44-55.

[77] 徐璐.服务型领导、内部人身份感知与员工建言行为——领导成员交换的调节作用[D].济南:山东大学,2018.

[78] 徐淑英,边燕杰,郑国汉.中国民营企业的管理和绩效[M].北京:北京大学出版社,2008.

[79] 许黎明,赵曙明,张敏.二元工作激情中介作用下的辱虐管理对员工建言行为影响研究[J].管理学报,2018,10:988-995.

[80] 杨付,刘清.使命感的影响效果[J].心理科学进展,2021,29(9):1647-

1656.

［81］杨会.职业使命感的动态性和干预性研究——基于结果反馈的调节作用[D].昆明:云南财经大学,2021.

［82］杨林波.人格特质与员工绩效间关系研究[D].石河子:石河子大学,2013.

［83］杨仕元,卿涛,岳龙华.从支持感到员工创造力——二元工作激情的联合调节作用[J].科技进步与对策,2018,35(4):108-117.

［84］杨英,龙立荣,周丽芳.授权风险考量与授权行为——领导-成员交换和集权度的作用[J].心理学报,2010,42(8):875-885.

［85］姚山季,郑新诺.工作嵌入与工作绩效关系的元分析[J].安徽大学学报(哲学社会科学版),2022,1:137-147.

［86］叶宝娟,郑清,董圣鸿,等.职业使命感对大学生可就业能力的影响——求职清晰度与求职效能感的中介作用[J].心理发展与教育,2017,33(1):37-44.

［87］尹登博.员工感知上级信任、心理授权、工作绩效关系研究[D].保定:河北大学,2020.

［88］尹奎,张凯丽,邢璐,等.双元领导对双元绩效的影响——基于人力资本理论[J].心理科学进展,2020,5:692-710.

［89］张彩虹,谢宝国.领导意义建构行为对下属工作使命感的影响[J].武汉理工大学学报(信息与管理工程版),2019,41(6):599-604.

［90］张春雨,韦嘉,张进辅.Calling与使命——中西文化中的心理学界定与发展[J].华东师范大学学报(教育科学版),2012,30(3:):72-77.

［91］张剑,宋亚辉,叶岚,等.工作激情研究——理论及实证[J].心理科学进展,2014,22(8):1269-1281.

［92］张剑,张微,宋亚辉.自我决定理论的发展及研究进展评述[J].北京科技大学学报(社会科学版),2011,4:131-137.

［93］张晓英.组织学习对员工工作繁荣的影响机制研究[D].北京:首都经济贸易大学,2019.

［94］张亚军,张金隆,张千帆,等.考虑消极情绪和领导—成员交换影响的辱虐管理与用户抵制研究[J].管理学报,2015,12(12):1815-1823.

［95］张燕,张功多,陈昭全,等.授权赋能——让你的员工自动自发[J].北大商业评论,2007,1:30-32.

［96］赵可汗,贾定良,蔡亚华,等.抑制团队关系冲突的负效应——一项中国情境的研究[J].管理世界,2014,3:119-130.

［97］赵亚玲.工作乐趣与员工工作绩效的关系探究[D].厦门:厦门大学,2019.

［98］赵燕梅,张正堂,刘宁,等.自我决定理论的新发展述评[J].管理学报,2016,13(7):1095-1104.

［99］周如意,冯兵,熊婵,等.角色理论视角下自我牺牲型领导对员工组织公民行为的影响[J].管理学报,2019,16(7):997-1005.

［100］朱仁宏,周琦.员工创业特质、内外满意度与工作绩效[J].管理科学学报,2021,24(4):42-53.

［101］朱晓萌.工作激情对组织公民行为的影响研究——组织认同与组织支持感的作用[D].武汉:武汉理工大学,2020.

［102］Afsar, B., Badir, Y., Kiani, U. S. Linking Spiritual Leadership and Employee Pro-environmental Behavior: The Influence of Workplace Spirituality, Intrinsic Motivation, and Environmental Passion[J]. Journal of Environmental Psychology, 2016, 45（1）：79-88.

［103］Allan, B. A. Task Significance and Meaningful Work: A Longitudinal Study[J]. Journal of Vocational Behavior, 2017, 102（1）：174-182.

［104］Allan, B. A.,Tebbe, E. A., Duffy, R. D., Autin, K. L. Living a Calling, Life Satisfaction, and Workplace Climate Among a Lesbian, Gay, and Bisexual Population[J]. The Career Development Quarterly, 2015, 63（4）：306-319.

［105］Astakhova, M. N., Porter, G. Understanding the Work Passion-Performance Relationship: The Mediating Role of Organizational Identification and Moderating Role of Fit At Work[J]. Human Relations, 2015, 68（8）：1315-

1346.

[106] Bailey, C., Madden, A. What Makes Work Meaningful or Meaningless? [J] MIT Sloan Management Review, 2016, 57 (1): 53-61.

[107] Berg, J. M., Grant, A. M., Johnson, V. When Callings Are Calling: Crafting Work and Leisure in Pursuit of Unanswered Occupational Callings[J]. Organization Science, 2010, 21 (5): 973-994.

[108] Birdi, K., Clegg, C., Patterson, M., Robinson, A., Stride, C. B., Wall, T. D.,Wood, S. J. The Impact of Human Resource and Operational Management Practices on Company Productivity: A Longitudinal Study[J]. Personnel Psychology, 2008, 61 (3): 467-501.

[109] Bloom, M., Colbert, A. E., Nielsen, J.D. Stories of Calling: How Called Professionals Construct Narrative Identities[J]. Administrative Science Quarterly, 2021, 66 (2): 298-338.

[110] Bonneville-Roussy, A., Lavigne, G.L., Vallerand, R.J. When Passion Leads to Excellence: The Case of Musicians[J]. Psychology of Music, 2011, 39 (1): 123-138.

[111] Bowen, D. E., Lawler, E. E. The Empowerment of Service Workers: What, Why, How, and When[J]. Sloan Management Review, 1992, 33 (3): 31-39.

[112] Bunderson, J.S., Thompson, J. A. The call of the wild: Zookeepers, Callings, and the Double-edged Sword of Deeply Meaning Work[J]. Administrative science quarterly, 2009, 54 (1): 32-57.

[113] Carbonneau, N., Vallerand, R.J., Fernet, C., Guay, F. The Role of Passion For Teaching in Intra and Interpersonal Outcomes[J]. Journal of Educational Psychology, 2008, 100: 977-987.

[114] Cartwright, S., Holmes, N. The Meaning of Work: The Challenge of Regaining Employee Engagement and Reducing Cynicism[J]. Human Resource Management Review, 2006, 16 (2): 199-208.

[115] Cheong, M., Spain, S. M., Yammarino, F. J., Yun, S. Two Faces of Empowering Leadership: Enabling and Burdening[J]. The leadership Quarterly, 2016, 27（4）: 602-616.

[116] Clinton, M. E., Conway, N., Sturges, J."It's Tough Hanging-up a Call": The Relationships Between Calling and Work Hours, Psychological Detachment, Sleep Quality, and Morning Vigor[J]. Journal of Occupational Health Psychology, 2017, 22（1）: 28-39.

[117] Conway, N. Clinton, M., Sturges, J.,Budjanovcanin, A. Using Self-Determination Theory to Understand the Relationship Between Calling Enactment and Daily Well-being[J]. Journal of Organizational Behavior, 2015, 36（8）: 1114-1131.

[118] Deci, E. L., Ryan, R. M. The "What" and "Why" of Goal Pursuits: Human Needs and the Self-determination of Behavior[J]. Psychological Inquiry, 2000, 11（4）: 227-268.

[119] Dobrow, S. R. Dynamics of Calling: A Longitudinal Study of Musicians[J]. Journal of Organizational Behavior, 2013, 34（4）: 431-452.

[120] Douglass, R.P., Duffy, R.D.,Autin, K.L. Living a Calling, Nationality, and Life Satisfaction: A Moderated, Multiple Mediator Model[J]. Journal of Career Assessment, 2016, 24（2）: 253-269.

[121] Duffy, R. D.,Autin, K. L. Disentangling the Link Between Perceiving a Calling and Living a Calling[J]. Journal of Counseling Psychology, 2013, 60（2）: 219-227.

[122] Duffy, R. D.,Dik, B. J. Research on Calling: What Have We Learned and Where Are We Going? [J]. Journal of Vocational Behavior, 2013, 83（3）: 428-436.

[123] Duffy, R. D.,Sedlacek, W. E. The Presence of and Search For a Calling: Connections to Career Development[J]. Journal of Vocational Behavior, 2007, 70（3）: 590-601.

［124］Duffy, R. D., Allan, B. A.,Bott, E. M. Calling and Life Satisfaction Among Undergraduate Students: Investigating Mediators and Moderators[J]. Journal of Happiness Studies, 2012, 13（3）: 469-479.

［125］Duffy, R. D., Allan, B. A.,Autin, K. L., Bott, E. M. Calling and Life Satisfaction: It's Not About Having It, It's About Living It[J]. Journal of Counseling Psychology, 2013, 60（1）: 42-52.

［126］Duffy, R. D., Allan, B. A.,Autin, K. L., Douglass, R. P. Living a Calling and Work Well-being: A Longitudinal Study[J]. Journal of Counseling Psychology, 2014, 61（4）: 605-615.

［127］Duffy, R. D.,Autin, K. L., Bott, E. M. Work Volition and Job Satisfaction: Examining the Role of Work Meaning and Person-Environment Fit[J]. The Career Development Quarterly, 2015, 63（2）: 126-140.

［128］Duffy, R. D.,Autin, K. L., Douglass, P. D. Examining How Aspects of Vocational Privilege Relate to Living a Calling[J]. The Journal of Positive Psychology, 2016, 11（4）: 416-427.

［129］Duffy, R. D.,Blustein, D. L., Diemer, M. A., Autin, K. L. The Psychology of Working Theory[J]. Jounral of counselling Psychology, 2016, 63（2）: 127-148.

［130］Duffy, R. D.,Bott, E. M., Allan, B. A., Torrey, C. L., Dik, B. J. Perceiving a Calling, Living a Calling, and Job Satisfaction: Testing a Moderated, Multiple Mediator Model[J]. Journal of Counseling Psychology, 2012, 59（1）: 50-59.

［131］Duffy, R. D., Diemer, M. A., Perry, J. C.,Laurenzi, C., Torrey, C. L. The Construction and Initial Validation of the Work Volition Scale[J]. Journal of Vocational Behavior, 2012, 80（2）: 400-411.

［132］Duffy, R. D.,Dik, B. J., Douglass, R. P., England, J. W., Velez, B. J. Work As a Calling: A Theoretical Model[J]. Journal of Counseling Psychology, 2018, 65（4）: 423-439.

[133] Duffy, R. D., Douglass, R. P.,Autin, K. L., England, J. W., Dik, B. J. Does The Dark Side of a Calling Exist? Examining Potential Negative Effects[J]. The Journal of Positive Psychology, 2016, 11 (6): 634-646.

[134] Duffy, R. D., Douglass, R. P.,Gensmer, N. P., England, J. W., Kim, H. J. An Initial Examination of the Work As Calling Theory[J]. Journal of Counseling Psychology, 2019, 66 (3): 328-340.

[135] Duffy, R. D., England, J. W., Douglass, R. P.,Autin, K. L., Allan, B. A. Perceiving a Calling and Well-being: Motivation and Access to Opportunity As Moderators[J]. Journal of Vocational Behavior, 2017, 98: 127-137.

[136] Duffy, R.D., Allan, B.A., Bott, E.M, Dik, B. Does the Souce of a Callig Matter? External Summons, Destiny, and Perfect Fit[J]. Journal of Career Assessment, 2013, 22 (4): 562-574.

[137] Duffy, R.D.,Spurk, D., Perez, G., Kim, H.J., Rosa, A.D. A Latent Profile Analysis of Perceiving and Living a Calling[J]. Journal Vocationa Behavior, 2022, 134: 103694.

[138] Dumulescu, D., Balazsi, R., Opre, A. Calling and Career Competencies Among Romanian Students: The Mediation Role of Career Adaptability[J]. Procedia- Social and Behavior Sciences. 2015, 209: 25-32.

[139] Ehrhardt, K.,Ensher, E. Perceiving a Calling, Living a Calling, and Calling Outcomes: How Mentoring Matters[J]. Journal of Counseling Psychology, 2021, 68 (2): 168-181.

[140] Elangovan, A. R., Pinder, C. C., Mclean, M. Callings and Organizational Behavior[J]. Journal of Vocational Behavior, 2010, 76 (3): 428-440.

[141] Enrico, F.,Sanne, F., Mette, M. Saving the World? How CSR Practitioners Live Their Calling by Constructing Different Types of Purpose in Three Occupational Stages[J]. Journal of Business Ethics, 2023, 185 (4): 741-766.

[142] Fairlie, P. Meaningful Work, Employee Engagement, and Other Key Employee Outcomes: Implications for Human Resource Development[J]. Advances in Developing Human Resources, 2011, 13 (4): 504-521.

[143] Fernet, C., Lavigne, G. L. Vallerand, R.J., Austin, S. Fired UpWith Passion: Investigating How Job Autonomy and Passion Predict Burnout at Career Start in Teachers[J]. Work & Stress, 2014, 28 (3): 270-288.

[144] Forest J.,Mageau, G.A., Sarrazin C., Morin, E.M. "Work Is My Passion": The Different Affective, Behavioural, and Cognitive Consequences of Harmonious and Obsessive Passion Toward Work. Canadian[J]. Journal of Administrative Sciences, 2011, 28 (1): 27-40.

[145] Gazica, M. W., Spector, P. E. A Comparison of Individuals With Unanswered Callings to Those With No Calling At All[J]. Journal of Vocational Behavior, 2015, 91: 1-10.

[146] Graen, G.B., Ansereau, F., Minami, T. Dysfunctional Leadership Styles[J]. Organizational behavior and human performance, 1972, 7: 216-236.

[147] Graham, K. A. Do Leaders' Hierarchical Perceptions Matter? A Social Dominance Theory Perspective of Empowering Leadership, Abusive Supervision, and Team Performance[M]. Philadelphia: Drexel University, 2015.

[148] Hagmaier T. Abele, A.E. The Multidimensionality of Calling: Conceptualization, Measurement and a Bicultural Perspective[J]. Journal of Vocational Behavior, 2012, 81 (1): 39-51.

[149] Hall, D. T., Chandler, D. E. Psychological Success: When the Career Is a Calling[J]. Journal of Organizational Behavior, 2005, 26 (2): 155-176.

[150] Hirschi, A., Herrmann, A. Calling and Career Preparation: Investigating Developmental Patterns and Temporal Precedence[J]. Journal of Vocational Behavior, 2013, 83 (1): 51-60.

[151] Hirschi, A.,Kellerb, A. C., Spurk, D. M. Living One's Calling: Job Resources As a Link Between Having and Living a Calling[J]. Journal of

Vocational Behavior, 2018, 106: 1-10.

[152] Hoogervorst, N., De Cremer, D., van Dijke, M., Mayer, D.M. When Do Leaders Sacrifice? The Effects of Sense of Power and Belongingness on Leader Self-Sacrifice[J]. The Leadership Quarterly, 2012, 23: 883-896.

[153] Houlfort, N., Philippe, F.L., Bourdeau, S., Leduc, C. A Comprehensive Understanding of the Relationships Between Passion for Work and Work-Family Conflict and the Consequences for Psychological Distress[J]. International Journal of Stress Management, 2018, 25(4): 313-329.

[154] Kang, H.J., Cain, L., Busser, J. A. The Impact of Living a Calling on Job Outcomes[J]. International Journal of Hospitality Management, 2021, 95: 1-13.

[155] Katherine, J. K., Andrew, P. K., Jonathan, C., et al. When Team Members' Values Differ: The Moderating Role of Team Leadership[J]. Organizational Behavior and Human Decision Processes, 2011, 114: 25-36.

[156] Keller, A. C., Spurk, D., Baumeler, F., Hirschi, A. Competitive Climate and Workaholism: Negative Sides of Future Orientation and Calling[J]. Personality & Individual Differences, 2016, 96: 122-126.

[157] Kong, D. T. The Pathway to Unethical Pro-Organizational Behavior: Organizational Identification As a Joint Function of Work Passion and Trait Mindfulness[J]. Personality & Individual Differences, 2016, 93(4): 86-91.

[158] Kosfeld, M., Neckermann, S., Yang, X. L. The Effects of Financial and Recognition Incentives Across Work Contexts: The Role of Meaning[J]. Economic Inquiry, 2017, 55(1): 237-247.

[159] Lee, K. -J. Sense of Calling and Career Satisfaction of Hotel Frontline Employees: Mediation Through Knowledge Sharing With Organizational Members[J]. International Journal of Contemporary Hospitality Management, 2016, 28(2): 346-365.

[160] Li, H. X., Yang, X. G. When a Calling Is Living: Job Crafting

Mediates the Relationships Between Living a Calling and Work Engagement[J]. Journal of Chinese Human Resource Management, 2018, 9 (2): 77-106.

[161] Liu, D., Chen, X. P., Yao, X. From Autonomy to Creativity: a Multilevel Investigation of The Mediating role of Harmonious Passion[J]. Journal of Applied Psychology, 2011, 96 (2): 294-309.

[162] Liu, D., Wong, C., Fu, P. Team Leaders' Emotional Intelligence, Personality, and Empowering Behavior: An Investigation of Their Relations to Team Climate[J]. Advances in Global Leadership, 2012, 7: 77-104.

[163] Lysova, E. I., Jansen, P. G. W., Khapova, S. N., Plomp, J., Tims, M. Examining Calling As a Double-Edged Sword for Employability[J]. Journal of Vocational Behavior, 2018, 104: 261-272.

[164] Mageau, G. A., Carpentier, J., Vallerand, R. J. The Role of Self-Esteem Contingencies in the Distinction Between Obsessive and Harmonious Passion[J]. European Journal of Social Psychology, 2011, 41 (6): 720-729.

[165] Markow, F. Klenke, K. The Effects of Personal Meaning and Calling on Organizational Commitment: An Empirical Investigation of Spiritual Leadership[J]. International Journal of Organizational Analysis, 2005, 13 (1): 8-27.

[166] Patel, P. C.,Thorgren, S., Wincent, J. Leadership, Passion and Performance: A Study of Job Creation Projects During the Recession[J]. British Journal of Management, 2015, 26 (2): 211-224.

[167] Pearce, C. L., Sims, J. H. P., Cox, J. F., Jonathan, F., Ball, G., Schnell, E., Smith, K.A., Trevino, L.Transactors, Transformers and Beyond: A Multi-Method Development of a Theoretical Typology of Leadership[J]. Journal of Management development, 2003, 22 (4): 273-307.

[168] Porath C.L.,Spreitzer, G., Gibson, C., Garnett, F.G. Thriving at Work: Toward Its Measurement, Construct Validation, and Theoretical Refinement[J]. Journal of Organizational Behavior, 2012, 33 (2): 250-275.

[169] Rautenbach, C.,Rothmann, S. Antecedents of Flourishing at Work in a Fast-Moving Consumer Goods Company[J]. Journal of Psychology in Africa, 2017, 27(3): 227-234.

[170] Rawat,Anushri, Shiva, et al. Examining the Outcomes of Having a Calling: Does Context Matter? [J]Journal of Business & Psychology, 2015, 30(3): 499-512.

[171] Robertson, M. P. Doing Meaning: A Theoretical and Grounded Exploration of Workplace Relationships and Meaningful Work[J]. Journal of Materials Chemistry, 2013, 20(44): 9848-9851.

[172] Shin, J. Y., Kim, E.,Ahn, J. A Latent Profile Analysis of Living a Calling, Burnout, Exploitation, and Work-Life Imbalance[J]. Journal of Career Development, 2022, 49(4): 816-830.

[173] Spreitzer, G., Porath, C. Self-Determination as Nutriment for Thriving: Building and Integrative Model of Human Growth at Work[M]. The Oxford handbook of work engagement, motivation, and self-determination theory, Ann Arbor, 2013.

[174] Spreitzer, G., Porath, C., Gibson, C. B. Toward Human Sustainability: How to Enable More Thriving at Work[J]. Organizational Dynamics, 2012, 41(2): 155-162.

[175] Sprinkle, G. The Effect of Incentive Contracts on Learning and Performance[J]. The Accounting Review, 2000, 75(3): 299-326.

[176] St-Louis, A. C.,Carbonneau, N., Vallerand, R. J. Passion for a cause: How It Affects Health and Subjective Well-Being[J]. Journal of Personality, 2016, 84(3): 263-276.

[177] Stogdill, R. M. Manual for the Leader-Behavior Description Questionnaire-Form XII[M]. Columbus, OH: The Ohio State University, Bureau of Business Research, 1963.

[178] Terry, D.J.Cigularov. K.P. Living a Calling During COVID-19: A

Resource Gain Perspective[J]. Journal of Career Development, 2022, 49 (6): 1419-1434.

[179] Tims, M., Derks, D., Bakker, A. B. Job Crafting and Its Relationships With Person-Job Fit and Meaningfulness: A Three-Wave Study[J]. Journal of Vocational Behavior, 2016, 92 (1): 44-53.

[180] Vallerand, R. J. On Passion for Life Activities: The Dulalistic Model of Passion[J]. Advances in experimental social psychology, 2010, 42: 97-193.

[181] Vallerand, R. J.,Houlfort, N. Passion at Work: Toward a New Conceptualization[M]. Charlotte: Information Age Publishing, 2003.

[182] Vallerand, R. J., Blanchard, C.,Mageau, G. A., et al. Les passions de l'me: On Obsessive and Harmonious Passion[J]. Journal of Personality and Social Psychology, 2003, 85 (4): 756-767.

[183] Walsh, B. M., Burrus, A., Kabat-Farr, D.,Mcgonagle, A. K., Call, E., McIntire, A., Shen, F. C. Living a Calling and Perceived Work Ability in Domestic Violence Service[J]. Journal of Counseling Psychology, 2020, 67 (2): 241-250.

[184] Wang, H., Chen, Z.X. Leader-Member Exchange as a Mediator of the Relationship Between Transformational Leadership and Follower's Performance and Organizational Citizenship Behavior[J]. Academy of Management Journal, 2005, 48 (3): 420-432.

[185] Wang, Z., Xu, H. When and For Whom Ethical Leadership Is More Effective in Eliciting Work Meaningfulness and Positive Attitudes: The Moderating Roles of Core Self-Evaluation and Perceived Organizational Support[J]. Journal of Business Ethics, 2019, 156 (4): 919-940.

[186] Wrzesniewski, Amy, McCauley, Clark, Rozin, Paul, Schwartz, Barry. Jobs, Careers, and Callings: People's Relations to Their Work[J]. Journal of Research in Personality, 1997, 31 (1): 21-33.

[187] Xie, B. G., Xia, M., Xin, X., Zhou, W. X. Linking Calling to Work Engagement and Subjective Career Success: The Perspective of Career

Construction Theory[J]. Journal of Vocational Behavior, 2016, 94: 70-78.

[188] Yoon, J. D., Daley, B. M.,Curlin, F. A. The Association Between a Sense of Calling and Physician Well-Being: A National Study of Primary Care Physicians and Psychiatrists[J]. Academic Psychiatry, 2017, 41 (2): 167-173.

[189] Yukl, G. A. Leadership in Organizations[M]. New Jersey: Prantice-Hall International editions, 1998.

[190] Yuliawati L. Ardyan, E. The Role of Life Planning in Finding Purpose and Living Out One's Career Calling Among Indonesian Emerging Adults[J]. Journal of Career Development, 2022, 49 (3): 538-550.

[191] Zhang, C., Hirschi, A. (2021). Forget About the Money? A Latent Profile Analysis of Calling and Work Motivation in Chinese Employees[J]. Career Development International, 2021, 26 (2): 105-118.

[192] Zhang, C.,Dik, B.J., Dong, Z. Living a Calling and Work-Family Interface: A Latent Profile Analysis[J]. Journal of Career Assessment, 2022, 30 (1): 23-40.

[193] Zhang, Z., Wang, M.O. Shi, J. Leader-Follower Congruence in Proactive Personality and Work Outcomes: The Moderating Role of Leader-Member Exchange[J]. Academy of Management Journal, 2012, 55 (1): 111-130.

附　录

附录1　工作使命感的预调查问卷

（一）基本信息

1.您的性别：□男　□女

2.您的学历是：□大专以下　□大专　□本科　□硕士及以上

3.您的年龄是：□18—25岁　□26—30岁　□31—40岁　□41岁及以上

4.婚姻状况：□未婚　□已婚　□离异

5.您的工作年限：□1年以下　□1—2年　□3—5年　□6—10年　□10年以上

6.您与您目前的直接上级已经共事多少年？　　　年

7.您现任职位是：□普通员工　□基层管理者　□中层管理者　□高层管理者

8.您的手机号码后四位是：

使命感量表	1	2	3	4	5	6	7
1.我觉得有一种力量召唤我从事现在的工作	○	○	○	○	○	○	○
2.我并不觉得有种超越自我的力量在引导我从事我的职业（反向计分）	○	○	○	○	○	○	○
3.在某种超越自我的力量驱动下，我追随了现在的工作	○	○	○	○	○	○	○
4.我追随我现在的工作，因为我觉得有一种力量召唤我这么做	○	○	○	○	○	○	○
5.我的工作有助于实现我生命的目的	○	○	○	○	○	○	○
6.我将我的职业看成一条通向我生命目的的路径	○	○	○	○	○	○	○
7.我的职业是我生命意义的重要组成部分	○	○	○	○	○	○	○
8.我会通过工作努力去实现我生命的目的	○	○	○	○	○	○	○

续表

使命感量表	1	2	3	4	5	6	7
9. 我职业生涯最重要的方面是满足他人的需要	○	○	○	○	○	○	○
10. 对他人有益是我职业生涯的主要动力	○	○	○	○	○	○	○
11. 我的工作能为公共利益做出贡献	○	○	○	○	○	○	○
12. 我总是尽力评估我的工作，思考如何有益于他人	○	○	○	○	○	○	○

附录2 研究一主要变量的测量问卷

授权赋能型领导量表	完全不同意	比较不同意	有点不同意	不确定	有点同意	比较同意	完全同意
1. 我的上级给予我充足的权限，以改进工作流程	○	○	○	○	○	○	
2. 我的上级给予我所需要的权限，以改善现状	○	○	○	○	○	○	
3. 我的上级给予我与我被分配的工作职责相一致的权限	○	○	○	○	○	○	
4. 我的上级让我对被分派的工作的绩效和结果负责	○	○	○	○	○	○	
5. 我的上级让我对所分配的工作负责	○	○	○	○	○	○	
6. 我的上级让部门中的全体人员对客户满意度负责	○	○	○	○	○	○	
7. 遇到困难时，我的上级会尽量协助我寻找解决方法和资源，而不是告诉我他/她会怎么做	○	○	○	○	○	○	
8. 我的上级让我自己决定工作该如何进行	○	○	○	○	○	○	
9. 我的上级鼓励我自己去解决工作中遇到的问题	○	○	○	○	○	○	
10. 为了让我高质量地完成工作，我的上级会与我共享那些我所需要的信息	○	○	○	○	○	○	
11. 为了满足客户需求，我的上级会提供给我所需要的信息	○	○	○	○	○	○	
12. 我的上级鼓励我系统地解决问题	○	○	○	○	○	○	

续表

授权赋能型领导量表	完全不同意	比较不同意	有点不同意	不确定	有点同意	比较同意	完全同意
13. 我的上级经常给予我获得新技能的机会	○	○	○	○	○	○	○
14. 我的上级认为持续学习和发展技能是我们部门的优先考虑事项	○	○	○	○	○	○	○
15. 我的上级允许我在工作中犯错，只要我能从中学到经验	○	○	○	○	○	○	○
16. 即使成功的可能性很小，我的上级仍会鼓励我去尝试一些新的想法	○	○	○	○	○	○	○
17. 当我犯错时，我的上级更专注改进措施，而非一味指责	○	○	○	○	○	○	○
工作意义感量表 请根据您目前工作中的实际情况，选择相应的等级	1	2	3	4	5	6	7
1. 我所做的工作对我来说非常有意义	○	○	○	○	○	○	○
2. 我在工作中所做的事对我个人来说非常有意义	○	○	○	○	○	○	○
3. 我的工作对我来说非常重要	○	○	○	○	○	○	○
领导—成员交换关系量表 请根据您目前的真实感受，选择合适的等级	1	2	3	4	5	6	7
1. 一般来说，我很清楚我的上级对我的工作表现是否满意	○	○	○	○	○	○	○
2. 我觉得我的上级对我在工作上遇到的问题及需要非常了解	○	○	○	○	○	○	○
3. 我觉得我的上级对我的潜力知道很多	○	○	○	○	○	○	○
4. 我的上级会运用她/他的职权来帮我解决工作上重大难题	○	○	○	○	○	○	○
5. 我的上级不会运用她/他的职权来帮我解决工作上重大难题	○	○	○	○	○	○	○
6. 我很信任我的上级，支持上级的决策	○	○	○	○	○	○	○

续表

领导—成员交换关系量表	完全不同意	比较不同意	有点不同意	不确定	有点同意	比较同意	完全同意
7. 我和我的上级的工作关系很好	○	○	○	○	○	○	○
使命践行量表 以下是对您工作中使命践行情况的描述，请根据您的真实感受和体验，选择相应的数字等级	完全不同意	比较不同意	有点不同意	不确定	有点同意	比较同意	完全同意
1. 我经常有机会践行我的使命	○	○	○	○	○	○	○
2. 我目前正从事与我的使命感密切相关的工作	○	○	○	○	○	○	○
3. 我能一贯地践行我的使命	○	○	○	○	○	○	○
4. 我目前正参与与我的使命感一致的工作	○	○	○	○	○	○	○
5. 我此时就在工作中践行我的使命	○	○	○	○	○	○	○
6. 我目前从事的是被我的使命感感召的工作	○	○	○	○	○	○	○
不适用，我没有使命感。							

附录3 研究二主要变量的测量问卷

工作绩效量表 下面句子是对您的下属员工工作表现整体情况的描述，请根据您所了解的实际情况，选择相应的数字等级	完全不同意	比较不同意	有点不同意	不确定	有点同意	比较同意	完全同意
1. 我的下属经常规划和安排自己的工作进度	○	○	○	○	○	○	○
2. 我的下属能高效率地完成本职工作	○	○	○	○	○	○	○
3. 我的下属总能在规定时间内完成计划工作任务	○	○	○	○	○	○	○
4. 我的下属完成的工作任务总能符合我的要求	○	○	○	○	○	○	○
5. 我的下属的工作质量保持了较高的水准	○	○	○	○	○	○	○
6. 整体而言，我的下属可以做好单位规定的任务	○	○	○	○	○	○	○

续表

工作绩效量表	完全不同意	比较不同意	有点不同意	不确定	有点同意	比较同意	完全同意
7. 我的下属能够主动加班以完成工作任务	○	○	○	○	○	○	○
8. 我的下属与其他同事关系融洽	○	○	○	○	○	○	○
9. 我的下属会主动为其他同事提供帮助	○	○	○	○	○	○	○
10. 我的下属在工作中保持着饱满的热情	○	○	○	○	○	○	○
11. 我的下属始终严格遵守组织的规章制度	○	○	○	○	○	○	○
12. 我的下属能主动完成不属于自己本职工作范围内的任务	○	○	○	○	○	○	○
13. 整体而言，我的下属会为单位着想，主动帮助同事	○	○	○	○	○	○	○
和谐工作激情量表 请根据您目前工作中的实际情况，选择相应的等级	完全不同意	比较不同意	有点不同意	不确定	有点同意	比较同意	完全同意
1. 工作丰富了我的人生体验	○	○	○	○	○	○	○
2. 我更重视在工作中发现的新事物	○	○	○	○	○	○	○
3. 工作让我有难忘的经历	○	○	○	○	○	○	○
4. 我的个人优势在工作中得到体现	○	○	○	○	○	○	○
5. 工作与我生活中的其他活动是和谐的、不冲突的	○	○	○	○	○	○	○
6. 尽管工作对我来说是一种激情，但我仍能控制得当	○	○	○	○	○	○	○
7. 我非常热爱我的工作	○	○	○	○	○	○	○
强迫工作激情量表 请根据您目前工作中的实际情况，选择相应的等级	完全不同意	比较不同意	有点不同意	不确定	有点同意	比较同意	完全同意
1. 我的生活离不开工作	○	○	○	○	○	○	○
2. 工作的欲望如此强烈，令我无法自拔	○	○	○	○	○	○	○

续表

强迫工作激情量表	完全不同意	比较不同意	有点不同意	不确定	有点同意	比较同意	完全同意
3. 很难想象我的生活中没有工作	○	○	○	○	○	○	○
4. 我在情感上依赖工作	○	○	○	○	○	○	○
5. 我很难控制自己要去工作的想法	○	○	○	○	○	○	○
6. 我有一种被工作控制的想法	○	○	○	○	○	○	○
7. 我的情绪好坏取决于能否做好这份工作	○	○	○	○	○	○	○
任务导向型领导量表 以下是对您直接上级领导的描述，请根据您的真实感受选择合适的数字	完全不同意	比较不同意	有点不同意	不确定	有点同意	比较同意	完全同意
1. 我的直接领导让下属清楚地知道他/她对每一个人的期望	○	○	○	○	○	○	○
2. 我的直接领导告知下属什么能做，以及应该怎么做	○	○	○	○	○	○	○
3. 我的直接领导为每位下属定义角色职责	○	○	○	○	○	○	○
4. 我的领导会强调工作要如期完成	○	○	○	○	○	○	○
5. 我的直接领导为下属的目标设立标准	○	○	○	○	○	○	○
6. 我的直接领导要求下属遵守标准的规章制度	○	○	○	○	○	○	○
工作繁荣量表 请根据您目前工作中的真实感受和体会，选择合适的数字。	完全不同意	比较不同意	有点不同意	不确定	有点同意	比较同意	完全同意
1. 我经常学习	○	○	○	○	○	○	○
2. 随着时间的推移，我学到了越来越多的东西	○	○	○	○	○	○	○
3. 我看到自己不断提高							
4. 我经常学习新的知识和技能	○	○	○	○	○	○	○
5. 作为个体，我获得了很大的发展	○	○	○	○	○	○	○
6. 我感觉生机勃勃							
7. 我充满能量，精力充沛							
8. 我觉得非常有活力							
9. 我感到警觉和清醒							
10. 我总期盼新一天的到来							

后　记

在结束这本关于"工作场所使命践行"的写作之际，我深感这一过程如同一段心灵的旅程，虽无法避免要面对各种不易，但更多体会的是蕴含其中的启发与力量、感恩与感谢。

启发与力量，源自研究与写作的过程，在这过程中，我愈发领悟到职业/工作使命感与使命践行的强大力量。它不仅让我们对工作充满热情，更能让我们在困难和挫折面前保持乐观的精神，并为之付出坚韧不拔的努力。当我们将个人的职业发展与社会的需要紧密相连时，对职业的热爱和尊重、对社会的责任和担当，令我们的工作不再是一种简单的谋生手段，而是一份充满意义的使命。

感恩与感谢，在于自己内心深处最真实的表达，我想对所有支持和帮助过我的人表示衷心的感谢。感谢我的家人，他们的理解和支持是我能够完成这本书的重要动力；感谢我的良师益友，他们的建议和批评让我不断地改进和完善自己的作品。当然太多太多的人很难一一列全，这感恩与感谢，是我心中最重也是最长的文章，只能在接下来的岁月中，用心、用时间继续书写……

最后，我想用一句话来总结这本书的核心思想：使命感和使命践行不是一种选择，而是一种责任，是对人生价值与意义的深度探寻，它需要我们矢志不渝去追寻和坚守。职业使命感不是空中楼阁，它需要我们脚踏实地地去践行，愿我们每一个人都能找到自己在工作中的使命感，并为之奋斗终生。

刘　晨

2024年5月